本物をまなぶ学校

JIYU GAKUEN

Since 1921

自由学園

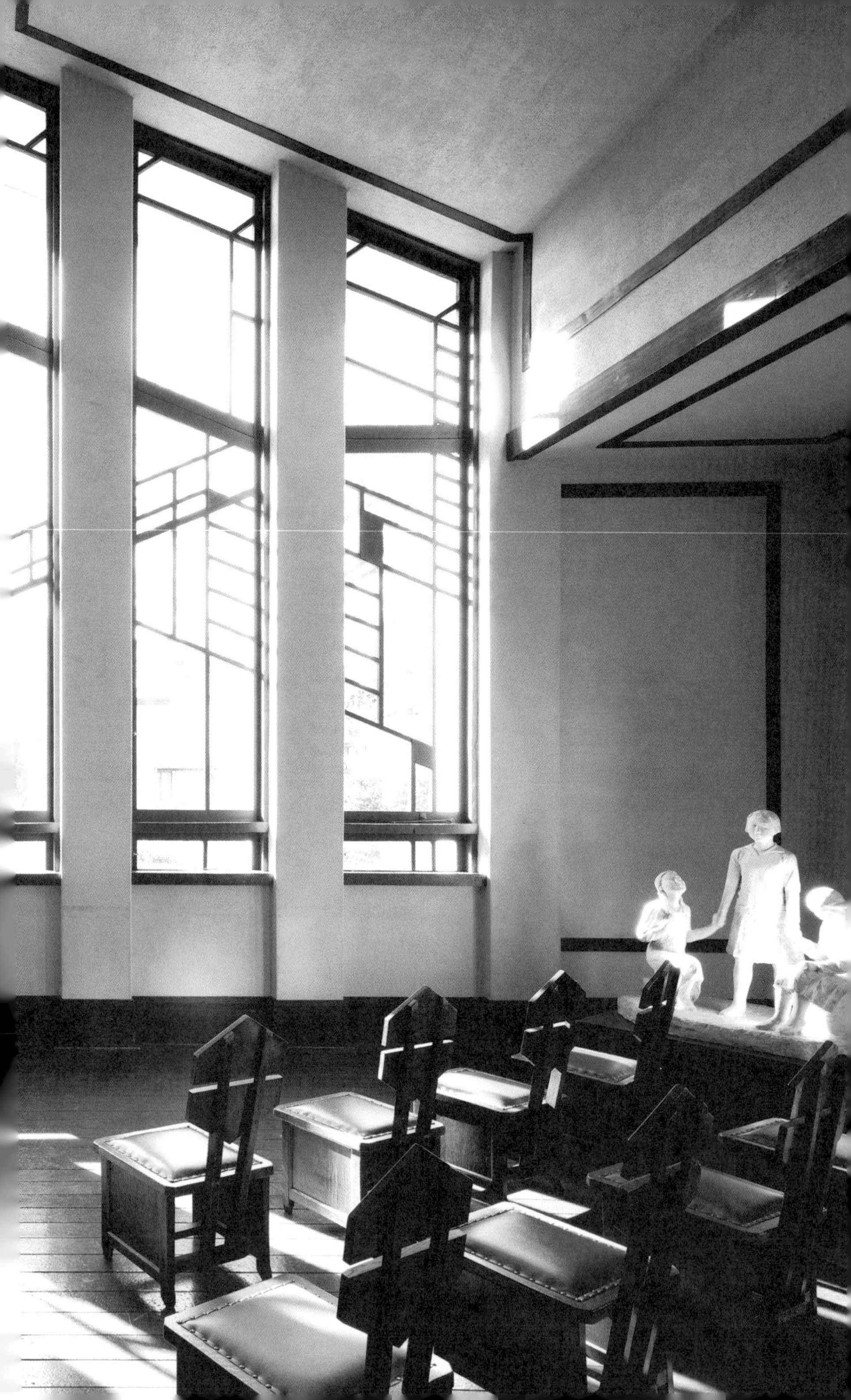

東京・池袋にある創立当初の校舎。
フランク・ロイド・ライトの設計による
幾何学模様の窓が印象的な
ホールと、建物と調和したデザインの
六角椅子。3人の少女像は、
創立10年（1931）に生徒が制作した
美術作品。現在、建物は
自由学園明日館として公開されている。

はじめに

子どもを育てる親にとって、わが子の学校問題は悩ましい。多くの友に恵まれてほしい、勉強ができるようになってほしい、技術も身につけさせたい……と。そんなとき、一番大切なものは何だろうか。

若きジャーナリストであった羽仁もと子・吉一夫妻もまた、わが子の教育に直面した。本当に通わせたい学校が見つからず、それならば自分たちで学校を、とつくったのが自由学園である。１００年前のことだ。

東京の西郊、ひばりヶ丘駅から10分ほど歩くと、緑深いキャンパスの入り口が見えてくる。どっしりとした大谷石と低い門扉。そこに、幼児生活団幼稚園から最高学部（大学）までの一貫校、自由学園が広がる。楽しげに歩く生徒の姿からは、慣れ親しんだ家庭にいるような穏やかさを感じる。

ある先生は、個人面談でキャンパス内を生徒と共に歩くという。誰もいない放課後の教室で向き合うのではなく、元気のない生徒がいたら、広いキャンパスをゆっくりと並んで何周でも歩く。空に伸びる木々を見つめ、やわらかい風に吹かれるうちに、心を開いてぽつりぽつりと胸の奥にあるものを言葉にするのだという。自分と同じ歩調で歩いてくれる人のいる心強さと安心感。似たような場面は、生徒同士の間でも日々紡ぎ出されている。だから、自由学園には、包みこむような空気が流れているのかもしれない。

自由学園が大切にしているのは、一人ひとりの生徒であり、人との関係であり、社会をつくり出す力である。互いを思い、共に生きることの意味深さを、日々の生活を通して学び、積み重ねていく。

１９２１年、「詰め込みではない教育を」「競争ではなく、協力の社会を」と願って、わずか26人の女子中学生から始まった学校は、今年創立１００周年を迎える。あらためてその学びを多くの方々にお伝えしたいと、本書の刊行を企画した。取材執筆は、日本にスローフードの概念を紹介し、数多くの著書を送り出しているノンフィクション作家の島村菜津さん。自由学園で学ぶ生徒・学生、教職員、そして卒業生を次々に取材し、教育の本質をひもといている。

また、各界でご活躍の、自由学園とご縁の深い皆さまが、ユニークな学びと学園への思いをあたたかな言葉で綴ってくださった。

自由学園独自の教育は今、日本にとどまらず、世界からも関心が寄せられている。変化の大きな時代に、そして多様性社会といわれるときに、競い合い頂点を目指すものではない「本物のまなび」の魅力はどこにあるのだろう——。

ようこそ、自由学園へ！

婦人之友社

【目次】　本文執筆（第2章〜第7章）　島村菜津　ノンフィクション作家

※本文に登場する方々の所属・学年・年齢は取材当時のものです

自由学園の一貫教育

幼児生活団幼稚園

初等部(小学校)

女子部/男子部(中等科・高等科)

最高学部(2年・4年課程)

教育と日々の生活は部ごとに運営。
入学(入園)試験も部ごとに行う。
幼稚園、初等部、中等科、高等科からの入学が可能。
最高学部は、文科省の枠にはまらない独自の大学教育を行う。
そのほか、生涯教育の視野でつくられた
リビングアカデミー(45歳以上)、
未就園児を対象とした「2歳児プレ」も。

【理念】

自由学園は、ジャーナリストであった羽仁もと子・吉一夫妻によって創立された(P184参照)。自由学園の「自由」は、新約聖書のヨハネによる福音書第8章32節の「真理はあなたたちを自由にする」に由来。キリスト教を土台とし、「思想しつつ　生活しつつ　祈りつつ」を理念として生活すべてを生きた学びとする。

【キャンパス・寮・校舎】

東京都東久留米市に自然豊かな約10万㎡のキャンパスを有する。米国の著名な建築家フランク・ロイド・ライトの弟子である遠藤新、遠藤楽父子により設計された校舎が多くあり、5棟の遠藤新設計の建物が「東京都選定歴史的建造物」に指定されている。

女子部、男子部、最高学部には寮があり、全国各地から入学した生徒が寮生活を営む。女子部、男子部の寮では学年を縦割りにし、6~8人が1部屋で生活。基本的な運営はすべて生徒自身が行う。

創立当初のキャンパスは東京・池袋にあり、校舎はフランク・ロイド・ライトの設計。現在は「自由学園明日館(みょうにちかん)」と名づけられ、国の重要文化財として動態保存されている。

第1章

木々と光の美しい　3万坪の校庭

食糧部前の金木犀の木。
ここからリヤカーに
さまざまな食材を載せ、
各部の台所へ運んでいく。
10月の体操会のころには
花が咲き、学校中にふんわりと
あまい香りがただよう。

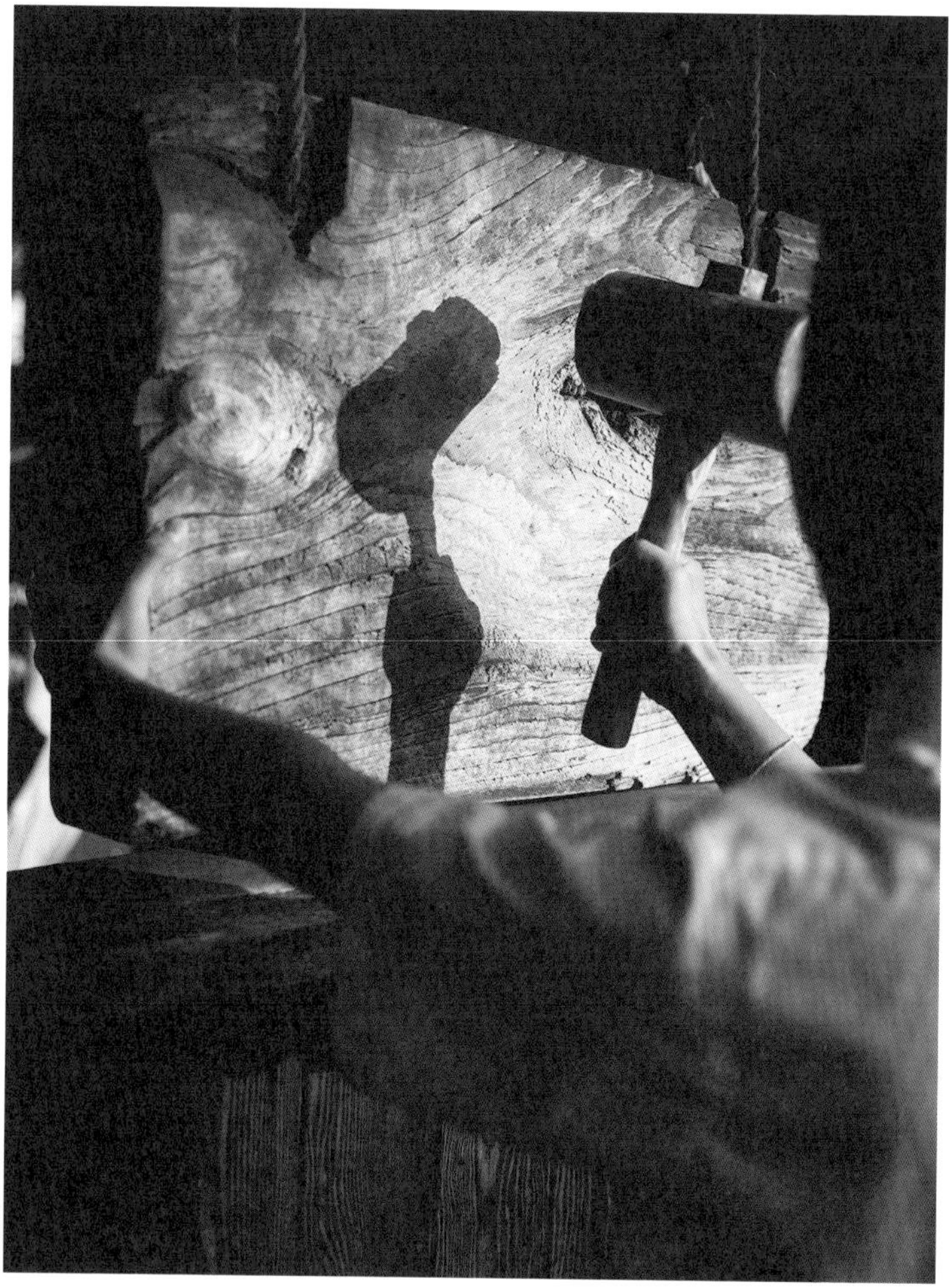

わくわくする時を刻む

男子部の時を知らせる
板木(ばんぎ)。
学園内で育った
ケヤキの木を
小槌で叩き、その響きで
時間を知らせている。
授業の始まりや終わりで
叩くリズムは違う。

●初等部の校庭には木登りできる木がたくさんある。子どもたちは木登りが大好きだ。

心の畠《はたけ》を耕して　自由の天地

上／初等部第一校舎。
現在も使用されている
木造の小学校校舎は
東京都ではここだけ。
ヒマラヤスギが生徒たちを
見守るようにそびえている。
校舎のまわりには
たくさんの木が伸びている。
下／新天地（畑）の百葉箱に
ペンキを塗る学生。
校内3カ所に百葉箱が、
学部棟屋上には
気象庁基準に適合した
自動観測機器が
設置されており、
気象の勉強や研究に役立てている。

新天地の隅にある堆肥場には、
生徒たちが掃除をした落ち葉や雑草が集められる。
それぞれの集積場所を示した手作りの看板が
雪の中にひっそり立っていた。

生活をつくる
今日も明日も

朝の校庭で、竹ぼうきで落ち葉を掃く男子部の委員。
この後、男子部生全員が芝生を囲んで集まり
板木の音を合図に本鈴(朝のあいさつ)となる。

“懐かしい未来”の庭

辻 信一

なんて不思議な校庭だろう。最初に来たときから、まるでぼく自身の少年時代がここにあったかのような幻覚を味わった。でもそれは単なるノスタルジアでも、また単なる愛郷心でもない。この10ヘクタールのキャンパスを歩きながら、ぼくの心は、絶えず世界のあちこちに飛んでいく。世界中でぼくが出会った若者たち——人類の生き残りをかけて、新しい社会をつくるために活動している人々のところへ。これはただの庭ではない。世界中と、そして未来とつながっている庭なのだ。

ここには実にたくさんのものがあって、いくら見ても見飽きない。この庭でぼくが見つけた「もの」を挙げてみよう。

校舎と食堂（初等部と女子部は、それぞれ伝統と近代が融合したフランク・ロイド・ライト風の平屋建て）、洗い場と調理場。森（巨木も含む在来種中心の4000本の樹木）。芝生の庭と、芝生のグラウンド、土のグラウンド。小川（すぐそばの湧き水から流れてくる）。学年ごとの畑、田んぼ、大人のための畑、花畑と温室、種子保存場など。小鳥、ウサギ、ニワトリ、豚などの飼育場、遊具のある遊び場。池。パン工房、木工教室、アトリエ、堆肥場……。

これらのすべてが生徒たちにとっての活動の場であり、遊び場であり、教材なのだ。ではそこで彼らは毎日どんな「こと」をやっているのか、思いつくままに挙げてみよう。

種まきから収穫まで、幼稚園から大学部まですべての部が、それぞれの畑で、それぞれの作

文化人類学者

辻 信一

Tsuji Shinichi

1952年生まれ。環境＝文化NGO「ナマケモノ倶楽部」代表。明治学院大学名誉教授。88年米国コーネル大学で文化人類学博士号を取得。92年より2020年まで明治学院大学国際学部教員として「文化とエコロジー」などの講座を担当。環境運動と文化運動、エコビジネスを融合させた活動、発信を行う。

物を育てる。収穫したものは昼食の食材にする。調理し、味わって食べ、片づける。掃除と庭の手入れ。樹木の手入れ、剪定、作った薪で調理。落ち葉は堆肥にし、やがて畑に戻す。残飯や灰も利用。生物の観察、分類。梅干しなど保存食を作る。キンカンの実で算数を学ぶ。川の水流測定。自分が使う椅子と机を自分で作る。蚕を飼って、自分で考案し、製作した道具で糸を紡ぎ、小作品を作る。70年余り前の先輩たちが植林した木を使って木工。そしてもちろん、校舎の中では本やコンピュータを使った勉強もする。「時の係」が鐘を鳴らしながら、走り回る。違う係が百葉箱で気温を測定する。そして1日の始まりには体操をし、節目には、祈り、瞑想する。

考えただけで、目が回りそうだ。こんなに忙しい子どもたちはいつ勉強するのか、と心配になる大人もいるに違いない。しかし、その子どもたちは逆に、テストや塾や受験のための勉強で忙しい、よその学校の子どもたちのことを心配するだろう。その子たちは一体いつ、木登りをしたり、畑仕事をしたり、調理したり、片づけたりしているのだろうと。確かにこのキャンパスには、何かに追われるように、あくせくと、忙しそうにしている子どもは見当たらない。

初等部の食堂の入り口に一枚の絵がかかっている。数年前に6年生の子が描いたというその絵に、この不思議なキャンパスのエッセンスが凝縮している。強い力で、ぼくはその中に引きこまれた。

写真でも、写生でもない。左から時計回りに春夏秋冬が、つまり1年間の時間が絵の中で巡っているらしい。タンポポの咲く草はらでサッカーする子たち、カブトムシをとる子たち、森

初等部の休み時間。木登りしたり、虫を探したり……。

の中で何やら観察しているような子たち、鎌をもって穀物を収穫する子たち。ベルを鳴らしているように見えるのは「鐘ならし」の子？　絵の右上には見事に紅葉した大木。登校してくる子たちを見下ろしながら飛び交うトンボの群れ。右下の1、2年生の校舎の前にある畑では、大根収穫の真っ最中。よく見ると子どもの後ろにいる2人の大人が、とれたての大根を手にうれしそう。走り回る子どもたち。松の大木に登る子たち。絵の真ん中の大木は左側が緑で、右側が黄やオレンジ色。その下の遊具で遊ぶ下級生っぽい子たちと、落ち葉を掃き、集める上級生っぽい子どもたち。

二次元の空間の中に、1日の時間が、1年の時間が、そしておそらくはこれを描いた6年生の女子の6年間という時間が、びっしりと織り込まれている。

でも、それにとどまらない。これはぼくのような歳の人間にとっても、自分のはるかな子ども時代を呼びさますような懐かしさに満ちた絵だ。初等部の校庭というここに描かれた世界は、はるか昔の日本の里山の暮らしに、そして世界のあちこちに何百年、何千年と繰り広げられてきた人々の日々の営みに、しっかりと根を張っている。とはいえ、それは失われた過去への単なる郷愁でもない。今話題のＳＤＧｓ（持続可能な開発目標）の先に出現するはずの未来への希望を表しているようでもある。それはまるで曼荼羅《まんだら》のようだ。この小さな画家はすごいことを、しかし、なんとさりげなくやってのけたことか。

練馬や板橋の〝田舎〟で育ち、池袋の駅前からすぐの小学校に通ったぼくは、残念ながら、自由学園とはニアミス続きだったようだ。典型的な戦後の高度経済成長期の子どもだったぼく

初等部の生活を、季節を追って描きあげた女の子の絵。

の視線は、しっかりとまっすぐ前へと向けられていた。学校の図工の時間に未来予想図を求められたときには、他の子たちと同じような、ロボットや空飛ぶ乗りものや高層ビルが主人公の、灰色を基調としたコンクリートとハイテクの世界で応えた。そう、それが正解だったのだ。

日本中で、いや、世界中で、大多数の子どもたちが同じような絵を生み出し続けてきたのだろう。確かなのは、描き手が、その未来の世界の中に自分自身の人生を重ねていなかったことだ。自分が、家族が、友だちがそこに生きていたいと思えない未来を描くことは、なんと寂しいことだろう。でも、それから半世紀以上たった世界で、人々の多くは相変わらず、〝未来志向〟という言葉の陰でその寂しさをやせ我慢しているようにみえる。

「未来」と「懐かしさ」。この2つの一見背反する言葉をつなぐ『懐かしい未来』というタイトルをもつ本がある。インド最北部のヒマラヤの高地にあるラダック地方に長年滞在した経験がもとになったこの世界的な名著の中で、著者ヘレナ・ノーバーグ＝ホッジはこう説明する。「前へ進まなければならない」「後戻りはできない」という思いがまるで呪いのように人々の心に染みついている。もちろんたとえ望んだとしても、私たちは後戻りはできない。だが、私たちの未来への探求は、同時に、人間同士の、そして人間と自然との調和した関係を再発見して、そこへと回帰することを意味するだろう、と。なぜなら、それらのつながりを破壊してきたこれまでのやり方は、すでに破綻している。そして未来とは、懐かしさに満ちた調和の中にしかありえないのだから。

自由学園のキャンパスが体現しようとしているのは、この「調和」への意志だ。長い間、世

初等部の校舎と校庭。メタセコイアの大木が子どもたちを見守っている。

界のあちこちにまだ息づいている「懐かしい未来」を訪ねる旅を続けてきたぼくは、そう思う。2019年11月、自由学園を訪れて感銘を受けたヘレナも、きっとそのことに気づいたに違いない。

自由学園の「自由」とは、自然界の制約からの「自由」でも、家族やコミュニティからの「自由」でもない。過去からの「自由」でも、社会からの「自由」でもない。そして、生活と教育を切断し、頭と体と魂を切り離し、過去を切り捨てる、いわゆる自由主義教育の「自由」でもない。逆にそれは、教育と生活との、頭と体と魂との、過去と未来との、個人と社会との調和を志し、それを実際に学校という場で、試し、つくりだす自由だ。

この学校の創立者たちはこう考えていたという。学校は今ある社会の模倣ではない。そこに人材を送り込むためのものでもない。学校は今ない社会をつくる人たちを育てるのだ、と。

人類史上かつてない深刻な危機に見舞われた世界の片隅に、この不思議なキャンパスとそこにゆっくりと生きる小さな人間たちがキラリと輝いている。だが、丸い地球にあって、その片隅は中心でもあり、このいのちの星ガイアにあっては、小さいこととゆっくりであることこそが希望なのだ。

第2章

自分で考える、生活に学ぶ

校内放送のかわりに、女子部では
「時の係」が鳴らすチャイムやベルの音で
節目の時間を知らせている。中等科1年から
高等科3年まで全員に回ってくる大事な仕事。

新しい毎日が重なって

上／掃除の時間、
集めた落ち葉を
堆肥場に運ぶ初等部生。
自分たちの校庭は
自分たちできれいにする。
下／初等部教室に
向かう廊下。

放課後、各教室の
鍵が閉まっているか
確認して回る女子部委員長。

2024年の男女共学化を前に
男子部女子部合同の
「自治を考えるグループ」が立ち上がった。
よりよい学校をつくるために
どういう自治組織が必要か話し合っている。

創立から100年、この学校が何よりも大切にしてきたのは、自分で考える子どもが育つ教育で、そのためにずっと生徒の自治を尊重してきたのだという。
2020年から、一人ひとりの疑問を深く掘り下げる試み「自由探求」も始まった。
さて、考える力はいったいどうすれば育つのだろう。

よい社会を一人ひとりがつくり出す

全校生徒の食事作り*を生徒たちが自力でしているという自由学園。そのユニークな教育方針は、たびたびメディアにも取り上げられてきた。けれど取材を始めて俄然、興味が湧いたのは、食事作りだけでなく、大がかりな行事の企画や運営、校則作り、清掃、広いキャンパスの樹木の世話に至るまで、基本的に生徒たちの自治が尊重されているということだった。

そのためにいろいろな委員がある。しかも1回の任期は長くないから、どんな生徒にも何らかの役割が回ってくる。高3の委員長*や寮長*などは選挙で選ぶ。彼らは、下級生みんなのまとめ役であり、相談役でもあるという。

学園を訪れると、その時々に、初等部の子どもたちが床の雑巾がけをする姿や、中学生が仲よく落ち葉を掃く光景に出会う。ある朝には、「時の係」と名づけられた女子部*の当番に出会った。そのチャイムの係も日替わりだから、音色も日々、ちょっとずつ違う。

また、ある日は、暗くなった校舎を、鍵の係の生徒が扉を閉めてまわりながら、部活で遅く

【全校生徒の食事作り】
女子部では毎日各学年交代で、男子部では高等科2年が週に一度、全校生徒の昼食を作る。

【委員長】【寮長】
各学年から数人ずつ、約50日交代で回ってくる委員会組織。男子部女子部それぞれに高3の委員から委員長と寮長を、高2から副委員長を選挙によって選出。その他に各学年に応じた責任をはたす。

【女子部（中等科・高等科）】
中学生、高校生の女子が通う。「思想しつつ生活しつつ祈りつつ」を教育理念とし、生活のあらゆることを学びとしている。1学年1クラスの少人数制。

まで残る生徒たちに、そろそろ帰る時間だと声をかけてまわるのを目にした。

そんな生活の中で、生徒たちは理屈抜きに、自由の裏側にある責任と向き合っていくという。

創立者の＊羽仁《はに》もと子が、創立30周年を機にしたためた力強い文章が残されている。

〝教育を詰め込みから解放したい熱きねがいは、皆様のご支援のおかげで、みるべき成績を現わしてきた。（中略）これから先の鮮やかな目標は、学校はその温かさにおいて第二の家庭であり、今の世の中に存在するもっとも優れた社会であるという、その実相を具体化していくことである〟

自由学園長である高橋和也さんは、２０１６年に学園長に就任したとき、改めてこの言葉の大切さに気づいた。

「学校は置き換え可能な人材をつくり出す場ではなく、一人ひとりを大切にし、新しい社会へのビジョンを持った人が育つ場でありたいという信念です。ですから学校は、今の社会を模倣していてはダメなんです。今は教育現場にグローバル競争に打ち勝つ人材育成が求められていますが、この学校は人材育成ではなく、どんな時代どんな社会にあっても、自分の人生を自分らしく歩み、そしてよい社会とは何かと自分の頭で考え、これをつくっていく人が育つことを願っています」

自由学園は、キリスト教の学校であり、礼拝で聖書への理解こそ深めるが、司会者は前日に読んだ本の話をしても構わない。教会に通う生徒は2割ほど。ただ、その自由という言葉には、キリスト教精神に基づく人間観が土台となっている。

「創立者は自由学園の教育目標は『真の自由人』になることと言いました。この自由は聖書の

女子部の時の係。毎日当番が替わる。

【羽仁もと子】
184ページ参照

『真理はあなたたちを自由にする』に由来し、『真の』には『神と共にある』という意味が込められています。子どもたちの主体性を尊重する教育の土台には、それぞれに神から与えられた尊い人格に対する信頼があります。その成長を願い、生徒の自由を尊重し、自治を重んじるのです。何よりも生徒たちに感じてほしいのは自分自身がかけがえのない存在であるということです。そして、この共同生活を通じて、仲間の大切さを感じてほしい。自分たちの学校を自分たちの手でつくり出し協力して社会をつくっていく自信や希望を身につけていくことを願っています。これが、民主主義社会をつくる土台になると考えています」

組織の舵取りは辛いことも多いけれど

生徒たちの自治を真ん中に据えた学校。だが、本当にそんなことが可能だろうか。半信半疑だった私は、当事者である学生たちに話を聞いてみることにした。最初に会えたのは、自由学園での大学部にあたる最高学部*2年の服部昂さん（20歳）。公立小学校を出た後、男子部*中等科から通い始めた。

「寮生活*は、とにかく厳しかったです。2～3週に一度くらい、朝4時半に起きて全員の朝食を自分たちで作る当番がある。洗濯も、掃除も、道具の管理も、すべて自分たちでやるのです」

中1の最初は週末ごとに自宅に帰っていた。ところが、終わり頃には寮生活が楽しくなり、高等科になると、むしろ寮の方がよくなった。

【最高学部】
自由学園の大学部。一貫教育の最終課程として、高等科卒業生のみ受け入れている。2年課程と4年課程がある。

【男子部（中等科・高等科）】
中学生、高校生の男子が通う学校。「思想・技術・信仰」をモットーとし、生徒による自治が行われている。1学年1クラスの少人数制。

【寮生活】
男子には東天寮・しののめ寮、女子には清風寮・光風寮があり、全国各地から集まる生徒・学生たちが生活する。

「寮では6年間も一緒にいるので、全員が家族みたいなものです。同級生だけでなく、上と下の人たちもいる。人とのつながりが強い。だから人間関係を学べる」

服部さんは、高2のときには副委員長になり、高3では選挙で委員長に選ばれた。

「ちょうど新入生を迎える時期だったので、厳しい上下関係ではなく、まずは温かい雰囲気をつくれたらと、週に一つ目標を掲げて、初めにあいさつ運動を展開しました」

委員長の毎日は多忙を極めた。朝は各学年の当番たちと話し合い、その日の予定を把握する。歓迎会や入学式などの行事の際はプログラムを作成し、女子部の委員長や先生と打ち合わせる。高3になる時期にクラスの意識を変えていくのが一苦労だったという。

「自治を重んじる学園の暮らしは、常に団体のことを鳥の目で見渡さなければならないところがある。組織の舵取りは、辛いことの方が多い。やっているときは無理だ、嫌だと思う。けれど終わってみると、よかったと気づきがある。男子部の6年間はすさまじい密度でしたから、消化するのに6年くらいかかりそうです」

という服部さんが、なんだか少し羨ましくなった。

最高学部2年の久﨑恵那《けいな》さん（20歳）は、女子部中等科に入学して1年くらいは、寮生活になじめなかった。学園生だった姉に「自分のこと、できるようになった方がいいよ」と勧められて入学したものの、ホームシックがひどかったという。そんな久﨑さんは、高3のときに寮長に選ばれた。まだ幼さの抜けない、中1の子どもたちの命を預かる重い責任である。

「寮での人数の管理を任される。日曜の外出を確認して、食事はいるかどうかを点検し、発注するのも寮長。大変なのは新入生の面倒を見ることです。慣れない生徒たちに、みんなで生活のことを教える。食事作りも掃除も、自分でやった方が早い。でも待ってなきゃ、その子が成長しない。だから寮長のときは、自分の時間がないくらい大変でした」

久﨑さんは、仕事を何とかやり通せたのは、友だちが、ただそばにいてくれたからだと言う。

「私は、自分が大変だって言うことが苦手。みんなも大変だとわかっているから。けれど、一緒にご飯食べよう、お風呂に入ろうと誘ってくれる友だちがいるだけで、大丈夫でした」

理系と文系を分けないリベラルアーツの勧め

現在、学部3年の國島ゆりなさん（21歳）が最高学部に進んだのは、「リベラルアーツ*を学びたかったからだ」と言う。日本にも広がりつつあるが、米国には大学院のない4年制のリベラルアーツ・カレッジが、多数、存在する。

「理系、文系に分かれたり、何か一つの分野の専門家になるのでなく、いろいろなものを学んでみたかった。一つの視点にとらわれないことが、リベラルアーツの本質で、柔軟な視点を持つことは、可能性を捨てないことだと思うんです。それに、少人数で学べることも、最高学部に進んだもう一つの決め手です。先生方も、とても親身になってくださるし、大学を出た資格こそありませんが、学びの質はとても高いんです」

講師まで加えると、100人近い教師陣がいるのだという。

最高学部の1、2年生には、学園の運営に関わる6種の生活経営研究実習グループ*がある。

最高学部、生活経営研究実習グループの「農芸」。

【リベラルアーツ】古代ギリシャ・ローマに起源を持つ自由七科を基礎とした、垣根を越えて複合的な視点から解決を目指す教育。

【生活経営研究実習グループ】1、2年生全員が「農芸」「草木・灌木」「樹木」「食」「資源・エネルギー」「図書・記録資料」のいずれかに属し、学園運営に関わる。

機械いじりが好きだった國島さんは、資源・エネルギーグループを選び、食堂の音響設備を整えたり、学園の電気会社を替える仕事にも携わった。将来は、チームで何かをつくり上げるような仕事をしたい。裏方で、その仕事を支えてみたいと言う。

服部さんも同じ理由で、最高学部に進んだ。中等科では木工作業に夢中になり、高3では合唱団「グリークラブ*」のリーダーもつとめた。高等科を終えたとき、英語、音楽、デザインと学びたい分野はとても一つに定まらなかった。最高学部では、高等科で一度行ったフィンランドに奨学金をとって留学し、水筒一つ買うにもデザインを意識するようになったという。

「僕はものに触れなければ、ものの本質を知ることはできないと思うんです。専門的な方向を極めることも大切だけど、全員が全員そうである必要はない。まずは、いろいろなことを知っている人間でありたい。勉強は大好きなので、引き出しを開けたり閉めたりしながら、やれる仕事を見つけていきたい」と言う。

境界線を考える国語の授業

男子部教諭の高野慎太郎さん（29歳）は、中等科の国語の授業で初めて教壇に立ったとき、大きな戸惑いを覚えた。早稲田大学大学院で教育学を学んでいた高野さんは、非常勤として古典と国語を教え始めた。学生結婚し、家庭教師から運送業までこなす苦学生でもあった。

「最初は、ほぼ授業にならなかった。ずっとしゃべっている生徒がいる一方、授業を聞きたい生

【グリークラブ】
男子部有志による合唱団。歌いたい人はだれでも参加可能。校内発表のほか、ひばりが丘パルコでクリスマスミニコンサートを開催するなど活躍の場が広がる。

徒は困惑気味だった。考えたあげく、しゃべってもいいが、迷惑をかけないしゃべり方を考えよう。工夫して話すためのリストを一緒に作り、どんな話をしたのかレポートしてもらった。

そもそも教科書をただ読み進めるだけの授業には、疑問があった。そこで「雑談の中から次の授業を作る」と生徒たちに提案し、そこから生徒たちと一緒に授業を作っていく試みが始まる。国語の授業の本質とは何か。それは自分と他者の関係を問うこと、生と死を考えること、すべては線引きである。

そこで一学期は、境界線について生徒たちと考えることにした。やがて寮に通い、毎日生徒たちと食事を共にする中で、一学期を終える頃には授業もいい雰囲気になってきた。

「境界線の定義、その不可能と不可避というテーマを扱いました。境界線が引かれる。たとえば、性別、善悪、国籍、生と死。けれどそれは決定されたものか。再定義することはできないのか。文学や映画など物語を使って教えるのは、体験が大切だからです。たとえば、『羅生門』は飢饉で追い込まれ、生き延びるために悪になる。一方、『将門記』には絶対悪が描かれる。生徒たちに身近な、人が起こした公害で怪物になる相対悪のゴジラと、仮面ライダーの怪人たちに置き換えてもいい。老老介護で息子が母親を殺害したケースなど、実際に起きた事件も取り上げます。その物語性の中に入っていくことで、理屈ではなく何かを感じ取ることができる。合理的、理論的な思考を鍛えるには、その背景にある非合理なもの、そこに突き動かされたことを感じ取れなければならないのです」

こうして高野さんは、生徒たちが自ら学びたいことを学ぶ授業のあり方を模索し始める。

「ある晩、一人の生徒が夜中に電話してきて、先生は言葉が大切だと言うけれど、言葉が人を殺

男子高等科の授業。

してしまうこともあるんですねと言う」

その生徒を傷つけたのは、ＳＮＳの誹謗中傷によって自殺したプロレスラーの木村花選手の事件だった。すぐさま資料を集め、翌日、「醜悪な世界・醜悪な言葉　ある一人の女子プロレスラーの死から考える」という授業を始めた。その後もアメリカの黒人差別や、野菜作りを始めた生徒を中心に種苗法改正について考えるなど、ユニークな授業を展開している。

友の痛みと、社会に声をあげること

子どもの貧困に関するＮＰＯでも活動する高野さんは、よい社会をつくりたいという生徒の思いが独りよがりにならず、議論を素人談義にしないためにも、社会に出て活動することも大切だと子どもたちに伝えてきた。

国語の授業に刺激を受けて「性の自分らしさを考える自由の会」*を発足した生徒たちの一人、福富優一さん（19歳）に話を聞いた。

「小学生の頃、ピアノを習っていたり、おままごとが好きだったことでよく女子っぽいと言われた。無意識に求められる男らしさ、女らしさと、純粋に自分の楽しいこととのギャップから、自分らしさってなんだろうと漠然と感じながら、中学、高校へと進学しました」

そんな中で受けた高野さんの授業だった。「このモヤモヤを抱えているのは自分だけではないと知った。また同じ頃、身近な友人がセクシュアリティについてカミングアウトしてくれた。


【＊性の自分らしさを考える自由の会】

2017年に男子部で発足した勉強会。性の多様性や個性を尊重する社会デザインについて、調査研究を行う。2018年には「高校生マイプロジェクトアワード」で全国優秀賞を受賞。

友の痛みを知り、自分が情けなかった」。寮の同室のみんなと朝まで語り合った。

「友の痛みも、自分のモヤモヤもこれ以上放っておけませんでした」

こうして高野さんの下には、福富さんをはじめ、何人もの生徒から、もっと発展的に学びたいという声が寄せられた。彼らの自発的な探究心から生まれた「性の自分らしさを考える自由の会」は、大人も加わり、やがて50人ほどになった。

活動の中でカギとなったのが、高野さんが授業で大切にしてきた熟議だった。

「熟議は、立場や価値観の異なる双方が、対立ではなく対話をもって相互理解に努める議論の手法の一つです。社会にはいろんな人がいて、考えも違う。立場や価値観の異なる他者を批判することは、互いに傷つけ合うことでしかない。私たちが目指すのは、誰もが自分らしく生きられる社会。傷や苦しみ、またヘイトの言葉の奥にあるその人の経験、思考、感情を探り、自分に照らし合わせながら、互いに新しい視点を知り、理解を深めていく。私たちは、『違うからこそつながる』ことを大切にしたいのです」

ところが、地域のあるイベント会場で、高齢の人に「少子化って知ってる?」と訊かれた。

「同性愛なんて言っていたら、少子化問題はどうなるの、と言われて撃沈です。わかった気になっていたけど、当事者はこういう世界を生きているのかと、実体験を通じて理解することになった。すると次は世直しだと目的が生まれる。関心を持たない人に持ってもらうにはどうするかと考え始め、行政と映画のイベントを企画し始めたんです」(高野さん)

会のメンバーは、代々木公園で毎年開催される多様なあり方の自由を確かめ合う「レインボープライド」にも参加した。ここにも同行した高野さんは言う。

「性の自分らしさを考える自由の会」のメンバーで熟議をする。

「羽仁もと子が、〝教育は交わりである。おとなが子どもを教えるのでなく、共に交わりつつ相互に教育される〟と書いている。丁寧に交わること。私は、交わりの中で互いの裡《うち》に秘められている潜在的なものが顕在化していく過程を〝教育〟という言葉で捉えたいんです」

成果ではなく、過程が大切

社会に出たとき、与えられた課題をこなすことしかできない人にはしたくない。そこで改めて、一人ひとりが問いを立て、これを掘り下げていく新しい試み「自由探求」が、2020年から始まったという。一人で調べても、グループでもいい。図書館で本と向き合っても、生徒同士で話し合ってもいい。月に1〜2日、丸1日かけて取り組むことで、普段の授業と違い「時を忘れて没頭するような経験をしてほしい」と言うのは、男子部教諭で数学担任、鈴木裕大さん（32歳）だ。

「学びの本質は変化であると考えているのです。学び始め、過程、発表、その後のリフレクション、その一部だけ見てもわからない。人の成長は線ではなく、行ったり戻ったりして伸びていく。長い目で見て何かしらの変化があればいい。上向きのときにすごい、下向きのときにサボった、というのでなく、その人自身の学びを長い時間軸で捉えたいのです」

この手探りの試みは、学園が友との対話を大事にし、自治生活を送ってきたことがなければ成立しなかったと話すのは、女子部数学担任の鈴木雄紀さん（32歳）だ。蓋を開けてみると、子どもたちの問いは、「日本はなぜ難民を受け入れない？」といった社会問題から「和菓子」「死後の世界」「親孝行って何だろう」といった個々の興味を深めるものまで驚くほど多彩だった。そのエネルギーと情熱、こんなことに興味があったのかという友への関心と温かい交流に、鈴木さんは大いなる希望を感じた。そして成果を出すことが目的ではないと繰り返す。

「共有の会でも、展示の華やかさ、プレゼンテーションのうまさ、演出の巧みさだけに惹かれるのではなく、どんなに表現の体裁が整っていなくても、そこに書かれた内容や向き合っている真剣さ、その問いの意味や価値を見抜ける一人ひとりであってほしいと思います」

友だちとＳＤＧｓ*のプラスチック問題を調べた高1の根本咲羽さん（16歳）は言う。

「インドネシアのバリ島に住む10代の女の子たちが、ＴＥＤ*というスピーチイベントで話した内容を聴いてプラスチックフリーに関心を持つようになりました」

その海洋汚染を防ぐためのレジ袋廃止活動に触発され、環境省のイベントに参加したり、本を読んで調べ始めた。根本さんは、次の夏休み、海洋環境ボランティアとしてタイへ行ってみようと計画している。

また当初、黒人差別を調べていた中3の村上京さん（15歳）は、ネットで情報がすぐ集まることで何だかつまらなくなった。あるとき、親戚の色覚障がいの人にサルビアの花が派手だと言うと、落ち着いた色だと思っていたと返す。

「そこで私の見ている赤を、見たことがない人に伝えたいなと思った」

だが調べるうちに、自分に見えている赤の概念が揺らぎだした。多数派と同じ色を見ることが果たして幸せなのか。その人にしか見えない世界がある方が幸せかもしれない、という考え

【ＳＤＧｓ】
持続可能な開発目標。(Sustainable Development Goals の略称)

【ＴＥＤ】
米ニューヨークに拠点を構える非営利団体。世界各地でさまざまなスタイルの講演会を開催している。

に至り、今は違いを認め合える世界へと思いを深めている。

当初、女子寮のホワイトボードに誰かが「探求って学校でやることなの?」と書いた。だが、今では生徒が楽しんでいることがよくわかる、と鈴木雄紀さんは言う。

「それは教師も同じです。考える子どもたちと一緒にいることで、自分の中にも問いが生まれてくる。自分自身にも変化がありました」

自治ってなんだろう?

自由学園は、今、2024年の共学化に向けて学校改革の只中にある。そんな時期、「自由探求」の中で「自治ってなんだろう?」というテーマを掲げた女子部高等科2年のグループがいた。きっかけは、その一人、松田真知さん(17歳)が服装の係になったとき、20年前から女子部の決まりが変わっていないと知ったことだった。

少子化で生徒は減り、敷地も男子部より広い女子部では、自治のための仕事をこなすことが、ときに負担になってきた。仕事が多くて考える暇がない。礼拝をなぜするのか? 習字を集める意味は何か? といった声も常にあがっていたが、じっくり考える機会がなかった。ただ入学したとき、あなた方は学園をよくするために入学したと言われたことが心に残っていた。

「掃除も料理も自分たちで自分たちのことをやっていくという点では自治です。でも、ただ決められたことをこなすだけでは自治ではない。社会をよくしようと思って、その社会の中で生活

女子部委員会の委員。それぞれの役割に従って考え、働く。

することが自治だと思うんです」

松田さんたちは、何度も話し合った。

「学園をよくするために入学したのなら、もっとこうしたいと思える環境をつくっていきたい。上級生も下級生もみんなで考えられるようになれば、自治は本物になるのではないでしょうか」

そこで今度は、委員会のしくみも違う男子部と一緒に話し合った。

「すると男子部には、ルールを変えるためのルールがあった。クラスの懇談は2回以上する。署名活動する。これを教師会へ提出するといったこと。そんなことを知れたのはよかったです」

松田さんたちは、「自治ってなんだろう?」というテーマで全生徒の前でも発表した。

その場で提案したのは、2021年から委員のしくみを変えて、委員になる前の50日間は今委員がしていることを「係」としてする。その期間を終えたら、そこでわかったことや課題を考える本当の意味での「委員」になる、というものだった。何かを変えていくには、何が必要なのか。そのために、今、やっていることを女子部のみんなで、一つひとつ見直していきたいという。こうして生まれた男女からなる「自治を考える」グループのリーダー、男子部高2の森元斗さん(17歳)は、発表をこんな力強い言葉でしめくくった。

「ここにいる私たちみんなが、これからの100年の創立者です!」

森さんたちは、共学化に向けての学校改革にも主体的に関わり始めた。

「今は生徒同士が問題を共有し、どう解決していったらいいかを考えているところです。その過程では、伝統も体制も違う男子部と女子部がわかり合うことの難しさも感じています。でも、話し合いを重ねることで、互いの価値観を理解していければと思っています」

希望、祈り、見えないものに価値を置くこと

ドキュメンタリー映画の世界で注目される映画監督の纐纈《はなぶさ》あやさん（46歳）は、自由学園卒業後、半導体の商社に就職した。学園時代、2週間に一度、600人分（当時）の食事を作り、掃除をし、学校運営にも携わった経験が、会社組織の中でも生かされ充実した日々を送っていた。だがふと、この仕事を続けていいものかと疑問を抱き、尋ねた上司にこう諭された。「仕事には二通りある。収入を得るために働き、したいことはプライベートでする。もう一つは、これしかないと思うものをライフワークにする。君は割り切れる人ではないから後者だろう」

3年後、仕事を辞め、障がいのある人々が暮らす北海道留萌郡の、「寧楽《ねいらく》共働学舎*」に通った。その代表だった福澤和雄*さんも卒業生だ。

「ある朝、必死に大豆の収穫をしていたとき、ふと顔を上げると、隣ではずっと空を見上げている人がいたり、一本刈って二本残して進む人がいたり、その刈り残しをさらに刈っていく人がいた。効率しか頭になかった自分が本当に恥ずかしかった。大切なことを見つけた気がした」

その後、やはり卒業生で映画監督の本橋成一*さんの事務所で5年間働いた後、2010年に『祝《ほうり》の島』という映画を手がけることになった。島民の8割が原発に反対し続ける瀬戸内海の祝《いわい》島のドキュメンタリー映画だ。自力で資金を集め、劇場公開までこぎつけた。

続く2013年、大阪貝塚市で育てた牛を家族で解体してきた一家の凛々しさを描いた映画

【共働学舎】
138ページ参照

【福澤和雄】
82ページ参照

【本橋成一】
1940〜
写真家、映画監督。自由学園最高学部卒業後、60年代より写真家としての活動を始める。炭鉱、上野駅、サーカス、チェルノブイリ被災地に生きる人々など、市井の人々をテーマにした作品が多い。

『ある精肉店のはなし』は大きな反響があり、国内外のさまざまな賞を受賞した。

「自由学園のよさは、自らの足で立つ人間となるよう生活自体を教育の場としていること。生徒たちは共に生活しながら深く関わる。物静かだけど国語で披露した朗読が見事だった友人、最後まで台所のシンクをピカピカに磨き上げていた友人。そういう光景が今でも忘れられない。局部ではなく全体性を捉えること。心の内面や見えないものを意識すること。その先には人知を超えた世界、祈りというものがある」

それは纐纈さんの今の仕事にも通じるところがあるのだという。

相手の尺度を理解すること

「学園で培われたのは、人と真摯に向き合うこと。そして、物事をわかりやすく伝えること。その2つの自信が、これまでの人生を支えてきた」と言うのは、ＰｗＣ Ｊａｐａｎで、共同経営者たちの人材開発を任される卒業生の牛島仁さん（49歳）だ。

「大人が介入せず、生徒に自分たちで決めてやれと言う。だから、何かをするときはとにかく考えなければならない。それも何をするかの課題設定だけではなく、その前提である人間関係を構築することから考える。たとえば、クラスがまとまっていない。一部の人ばかり発言し、発言できていない人がいる。すると、それをどうやって解決するかを考える」

小学生の頃にはアジア自然塾で、電気やガスもない暮らしを体験。高等科では、都内の高校生とアメリカ人の交流プログラムに参加できたときは、数学の恩師が、試験の小論文を真っ赤に添削して応援してくれた。最高学部2年を終え、アメリカのウィスコンシン州のローレンス大学に3年から編入、初日の授業は半分もわからず、タイピングを交換条件にノートを借りて窮地を乗り切った。そこでの猛勉強の甲斐あって、名門コロンビア大学の大学院に進学。

最前線でバリバリ働きたいと入社した外資系のAIG*では、31歳の若さで人事課長に抜擢された。文化も宗教も違う人々の間で最も揉まれたのは、その後に勤めたDHL*で、ドイツ本社に転籍したときだった。47万人の社員を抱える大企業のトップ約200人のエグゼクティブ育成プログラムを作る大役だった。その後は、リーダーシップ教育で知られるGE*クロトンビルでも活躍し、資生堂の人事・組織開発室室長をつとめ、今に至る。

牛島さんは、これから国際化社会を生きる若者たちに、こんなことを伝えたいと言う。

「自分が外国人となる経験をしてほしい。そこでは自分の当たり前が、相手の当たり前じゃない。そしてそんなとき、自分の型に相手をはめ込むのではなく、相手の尺度を理解しようと努めること、それがこれからの時代には最も大事なことだと思っています」

新しい社会のリーダーを育てる

玉の肌石鹸*の会長・ミヨシ石鹸の相談役、三木晴雄さんは今年82歳。その祖父、盛岡高等農林学校*の教授だった関豊太郎は、宮沢賢治を育て指導した人として知られる。そんな祖父に育

【AIG】
アメリカン・インターナショナル・グループ。アメリカに本拠を置き保険事業を展開。

【DHL】
ドイツの国際輸送物流会社。世界中で国際宅配便を扱う。

【GEクロトンビル】
アメリカのゼネラル・エレクトリック社が開設した、世界初の企業内ビジネススクール。

【玉の肌石鹸】
1892年設立の石鹸メーカー。ミヨシ石鹸は子会社。

【盛岡高等農林学校】
1902年に設立された官立旧制専門学校。現在は岩手大学に包括、農学部となっている。

てられた母もまた教育熱心だった。

「僕は勉強ができなくて、小学校を2回退学になっているからね」

　母親が兄弟全員を中等科から入学させたのが、自由学園だった。

「当時は厳しかったですね。寒さがこたえた。身体が小さくて、落ちこぼれだった。スポーツもだめ、唯一、楽しかったのは音楽鑑賞の時間。当時は*齋藤秀雄《さいとうひでお》という、*小澤征爾《おざわせいじ》や*山本直純《やまもとなおずみ》の先生である神様のような人がいたからね。超一流の人から教わるというのが学園の方針で、音楽ばかりでなく他の授業も先生は多士済々でした。僕が入学した中等科1年の体操会には、あの吉田茂氏や文部大臣の天野貞祐氏が来賓でいらしていた。でも、僕が自由学園から受けた教えで、最も大きな恩恵をもたらしてくれたのは、1日2回の礼拝で触れる聖書と讃美歌です。それが精神面でも社会生活の面でもあらゆる意味でその後の人生の指針となり、今でも続く私の通う教会のチャペル・コンサートのアイデアにもつながっています」

　1963年、三木さんが祖父の創業した玉の肌石鹸に入社したとき、会社は倒産寸前だった。

「経営状態がよくない。無駄なことが多かった。トイレ掃除まで業者に委託していた。でも僕は自由学園で*自労自治を経験していたから、業者に委託するのは無駄だと。そこで1年間、朝早く会社に出てトイレ掃除をしていたら、社員らが自分たちもやろうとなって、2年後にはみんながするようになった。聖書は、仕えられるより仕える者になりなさいと教えている。この出来事は図らずもその教えのささやかな実践だったのかもしれない」

　自ら石鹸を抱えて飛び込み営業し、事業部長となって石鹸事業を3年でV字回復させた。環境問題は今ほど取り沙汰されなかった時代、その流れを後押ししたのが琵琶湖の泡問題だった。

【齋藤秀雄】
1902〜1974
チェロ奏者、指揮者、音楽教育者。自由学園でも音楽会の指導を行った。没後は、教え子が主体となってサイトウ・キネン・オーケストラを創設。

【小澤征爾】
1935〜
世界的な指揮者。齋藤秀雄の弟子であり、齋藤と共に自由学園を訪れ、助手として指導したことも。

【山本直純】
1932〜2002
作曲家、指揮者。自由学園から東京藝大作曲科に進む。数々の曲を生み、テレビ番組でも活躍。自由学園では音楽会の指揮や、生徒の指導も行った。

【自労自治】
自分たちで働き、自分たちの社会をつくっていく。広辞苑にも載っていないが、自由学園で大切にされている言葉。

垂れ流される合成洗剤が元凶だった。この出来事をきっかけに、ミヨシ石鹸は合成洗剤をやめ石鹸作りだけに特化、「石鹸の総合メーカー」に生まれ変わった。

今後はもっと地球に優しく人に喜ばれる商品を提案していくという。

「苦しいこと、辛いことの方が思い出になる。あの頃の寮では〝飢えと寒さ〟の克服がテーマの毎日だった。冬の寒い季節でも朝の4時半に起きて食事を作ったり、豚の世話をしたり、大変だったけれど、後になってみるとよかったと思える。必死に考えて生活していたから。それが今でも工夫やアイデアを生み出すことにつながっている。だから自由学園はサーバントリーダ*ーシップ旺盛な人間を育てる学校になれるはず。日本は99・7パーセントが中小企業で、350万以上の会社がある。上場企業なんて数千しかない。自ら起業することも含めて、新しい社会で活躍できるリーダーを育てるべきじゃないかな」

そんな三木さんに、自主映画のための寄付を募り、薫陶を受けたのが、最高学部2年の松原僚兵さん（22歳）だ。高3のときには選挙で寮長に選ばれ、貴重な経験を積んだ。

「寮には新入生部屋の室長と新入生係がある。室長は、最初から上級生と同室じゃ窮屈だろうと、新入生が100日間過ごす部屋の係。高3と中3が一人ずつ同居しますが、いろいろ教えてくれるし、好かれて頼りにされる。一方、新入生係はアメとムチのムチ担当。厳しく言う立場で、僕はそれだった。ホームシックが多発する時期は、寮から飛び出す子もいる。すると、なぜそうなったかを生徒と教師を交えて話し合い、対応していく」

高等科を終えると、ギャップイヤーで1年休学し、フィリピンで英語を学び、残りの半年は、ネパールにも滞在した。

*【サーバントリーダーシップ】リーダーである人は、まず相手に奉仕し、その後に相手を導くものであるというリーダーシップ哲学。

「学園のネパール*の植林活動にも参加しましたが、今度は、ある企業の調査補助員として滞在しました。ネパールで育つミツマタという高山植物を混ぜると上質の紙になる。これを日本の国立印刷局に売るという経済援助でした」

松原さんは、最高学部の寮でも寮長に立候補した。将来は「IT系に進み、リーダーとして組織を動かしたい。プロジェクトを進めるようなことがしたい」と言う。

非常時に試された結束力

２０２０年、コロナ禍でほとんどの学校が休校を余儀なくされたとき、自由学園は4月の上旬、オンライン*での授業を一斉にスタートさせた。これは、全国的にも先駆けた稀有な事例としてテレビの報道番組でも取り上げられた。

「あれは奇跡みたいなものでした」

女子部部長の佐藤史伸《しのぶ》さん（61歳）は言う。最高学部を卒業後、日本大学文理学部体育学科2年に編入。ほどなく男子部の助手として教え始め、特別に男子寮に住まわせてもらった。

「楽しかったです。教師としては知り得ない生徒たちの側面を知ることができた。高3の寮長・室長と中1の新入生では5歳も違う。その子らを相手にどうしたら伝わるのか、相手を思い、悩みながら教える。互いの信頼関係の紡ぎ方も見せてもらいました」

１００周年の学校と聞けば、ひたすら伝統を守ってきたと思われがちだが、創立者が生きて

【ネパールの植林活動】
１９９０年から始まった。毎年学生が足を運び、現地の人たちと関わりながら、共に森を作っている。

【オンライン授業】
初等部から最高学部まで、２０２０年4月より実施。体操、部活もオンラインで行った。

いた35年間にも、常に変革を続けていたのだ、と佐藤さんが教えてくれた。

「創立者の羽仁もと子は共学を視野に入れていたのです。男子、女子ではなく『人として』という視点で考えていた。また、子どもたちが自分で考え、創造していくという教育も当時としては画期的だった。何をすべきかを生徒と一緒に考える。目指す社会を実現するために、日々の生活の責任を担い、社会を運営していく力を身につけていく。そんな教育を目指していたんです」

さしあたって、学園が目指す変革の一つは、2024年の男子部と女子部の共学化である。佐藤さんは、それが簡単ではないことを理解している。しかし、不意に訪れた新型コロナの流行に伴う対応の中で、共学への変革が、予想外にスピーディーに進んだと感じていた。

2020年2月末、学園は、生徒たちを早々に寮から帰省させ、女子部は、学期末テストと1年間の学びを一冊にまとめるポートフォリオ学習「まとめ」*の回収をこなした。生徒が書いたものに、先生がコメントして返すためだ。

「そのやり取りの中で、紙ベースでは、物量的にもスピード的にも難しいとわかった。そこで、オンラインを用いることを想定して時間割を組み直し、実技の授業はどのように行うのがいいか工夫しようと、若い教師たちを中心にチームを作ったのです」

その勢いをもって、4月からオンライン授業を開始したことで、中国からの留学生も、地方の生徒たちもだれ一人やめなかった。

オンライン授業を4月から始動できた理由を、佐藤さんはこう語る。

「まず、1学年1クラス*という小さな学校である点が大きいですね。この学校では、教師も生徒全員の顔と名前を覚えていますから。それともう一つは、保護者の方々の協力です。中には

【まとめ】

半世紀以上前から続く、学年末の取り組み。一人ひとりが各教科で学んだこと、レポートなどを手作りの冊子にまとめる。


【1学年1クラス】

男子部女子部共に、中等科は1クラス30〜40人。高等科は1クラス35〜50人。

IT関連に勤めている方もいた。すぐに保護者会にサポートチームが生まれ、各家庭のシステム環境、設定の部分をサポートし、慣れない家庭に教えるなどしてくださったおかげです」

1学期間をオンライン授業で乗り切り、学校を再開した8月末までに、家が遠くない寮生には通学に切り替えてもらい、当面は寮生の数も半数近くに減らした。

すると、男子部の委員長が「もし、クラスターが発生したら、学校生活はどうなるのか？」と女子部委員会に呼びかけた。オンラインで何度も話し合い、「学校に感染者が出ることはあるだろう。そんなとき、感染した人が差別されない環境づくりをしよう」と、男女7人のメンバーによる「コロナ禍の私たちの社会を考える会」が生まれた。

男子部部長の更科幸一さん（49歳）も言う。

「共生が、カギだなと思っています。コロナ禍を機に、オンラインで女子部と男子部の対話の場が生まれた。もともと男子部で行っていた秋の平和週間の企画も、去年からは、男女が一緒にやり始めました。そういう意味では、コロナはきっかけになった。コミュニティの再生です」

子どもたちは、大人が想像する以上にしなやかに変化に対応していた。

1/6 【自由学園と私】

伝統と知性

思想家・武道家
内田　樹
Uchida Tatsuru
1950年生まれ。
神戸女学院大学名誉教授。
専門はフランス思想、比較文化論だが、教育、フェミニズム、戦争まで幅広いテーマに発言している。
『街場の現代思想』（文春文庫）『日本辺境論』（新潮新書）『サル化する世界』（文藝春秋）など著書多数。
現在神戸市で武道と哲学のための学習塾「凱風館」を主宰する。

自由学園創立100周年おめでとうございます。

自由学園の教育活動の魅力について何かコメントをというご依頼を受けたので、思いつくことを書くことにします。

僕が自由学園を訪れたのは一度だけです。そのときに学園長から自由学園の沿革や教育理念についてうかがい、構内をご案内いただいて、建物を一つひとつ見て歩き、生徒さんたちとお昼ご飯をご一緒して、高校生たちを前に短い講演をしました。そのときには自由学園の「魅力」について話したわけではありません（見たばかりで、よく知らないし）。それよりは、このような伝統ある教育機関で学ぶことの例外的な利点についてお話ししました。そのときに話したことを思い出して、お祝いに代えたいと思います。

今日うかがってみてわかりましたけれど、自由学園にはたくさんの伝統や決まりごとがあります。その中には大人には意味がわかっても、生徒さんたちには意味がわからないものがあります。僕はそれがこの学園の一番の教育的な「資産」だと思いました。

みなさんにお願いしたいのは、それを「自分には無意味に思えるけれど、決まりだから」というだけの理由で批判を手控えて従ってはならないということです。もし無意味だと思ったら、「無意味じゃないか」とまずごねてみてください。「ごねない」子ども、協調性・順応性の高い子どもは大人には喜ばれますけれど、みなさんは「ごねない子ども」にはならないでください。まず「意味わかりません」とごねてみる。そして、「君たちにはわからないかもしれないけれど、実はこの決まりごとには深い意味があるのだ」と大人が応じてきたら（きっとそうしてくれるはずです）、まずその「深い意味」とは何かについて自分で考えてみる。

まず自分で考えてみること、それがとても大切なんです。先生たちや大人たちが「これはね……」と教えようとしたら、それを制して「ちょっと待って。言わないでいいです。自分で考えてみますから」と言ってみてください。

自分の眼には無意味な因習に見えるけれども、もしかすると、その背後には深い知恵がひそんでいるのかもしれない。一応そう仮説してみる。

これはとても大切な知性の使い方です。一見するとランダムで無意味に見える事象の背後に、整然とした秩序があることを直観することから知性の活動は始まります。「すべての知性の活動は」と言い切ってもいいくらいです。

その点では科学的知性も宗教的知性も成り立ちは同じです。そして、たぶん自由学園は、その2種類の知性を開発することを教育目的に掲げているはずです。僕はそう感じました。

科学的知性は、一見ランダムに生起しているように見える自然現象の背後に、整然たる数理的秩序があると直観するところから始まります。宗教的知性は、一見ランダムに生起しているように見えるすべての出来事の背後に「神の摂理」を直感するところから始まります。だから、しばしば卓越した科学者が深い信仰の持ち主でもあるということが起きます。知性のはたらきは必ずこの直感に導かれます。「ランダムに見えるものは結局ランダムなのだ」という思い切りはちょっと目にはクールでリアルに見えますけれど、知性的には成長を止めることです。

もう一度申し上げますけれど、学園の定める規則や制度について、「無意味だな」と内心思いながら、「決められたこと」という理由で無批判に従ってはいけません。そういうことができる人を「無意味耐性が高い」と僕は呼んでいます。そういう子どもは大人には褒められます。無意味な勉強でもがまんしてやりますから、たぶん成績もいい。でも、その代償に大きなものを失います。

どんな無意味に見える因習でも、その多くは制度設計された時点では「よきもの」を目指していたのです。はじめから子どもたちを苦しめてやろうと思って制度設計するような教育者はいません。でも、「よきもの」を目指した制度や規則がいつの間にか形骸化・惰性化してしまって、初発の目的が見えなくなることはよくあります。

ですから、みなさんは「こんなの無意味じゃない？」という疑いから出発しても「無意味だからただちに廃止」というふうにすぐに結論に飛びつかないでほしい。そうではなくて、「これらの仕組みはその始点においてはどのような『よきこと』を実現しようとして計画されたのか？」を問うてほしい。それが「無意味に見える事象の背後にある秩序」を探求するということです。そのようにしてはじめて知性は起動する。

物事の起源にまで遡り、それらの制度が発生時点でどのような「よきもの」を目指して設計されたものであるかがわかったら、次は、それと同じ「よきもの」を実現するためには今ここにおいては何をすればいいのかを考えることです。今、ここにある手持ちのリソースでも、できることがきっとあるはずです。それがみなさんの仕事です。

決まっていることに無批判に従うのは思考停止です。でも、無意味だからただちに廃止せよというのも別のかたちの思考停止です。それよりはこの学校をつくった人たちが何を実現しようとして「こんなこと」を規則としたのか、「こんな」制度を思いついたのか、それを自力で考えてほしいと思います。そして、この学舎を創建した先人たちが「成し遂げようとしていたこと」を自力で、できたら今ここで、かたちにしてほしいと思います。あくまで「できたら」です。「今ここで」ではなくてもいいです。もっと時間がかかっても、ここではない場所でも構いません。それが、みなさんの知性と感情を豊かにするために、とても大切なことだと僕は思います。

そういうかたちで繰り返し「伝統を再び活性化する」こと、ときどき消えかけてしまう灯に新しい息を吹き込むことが、自由学園のような長い伝統を持つ教育機関に学ぶみなさんの義務であり、また権利でもあります。みなさんの成長を心から願っています。がんばってください。

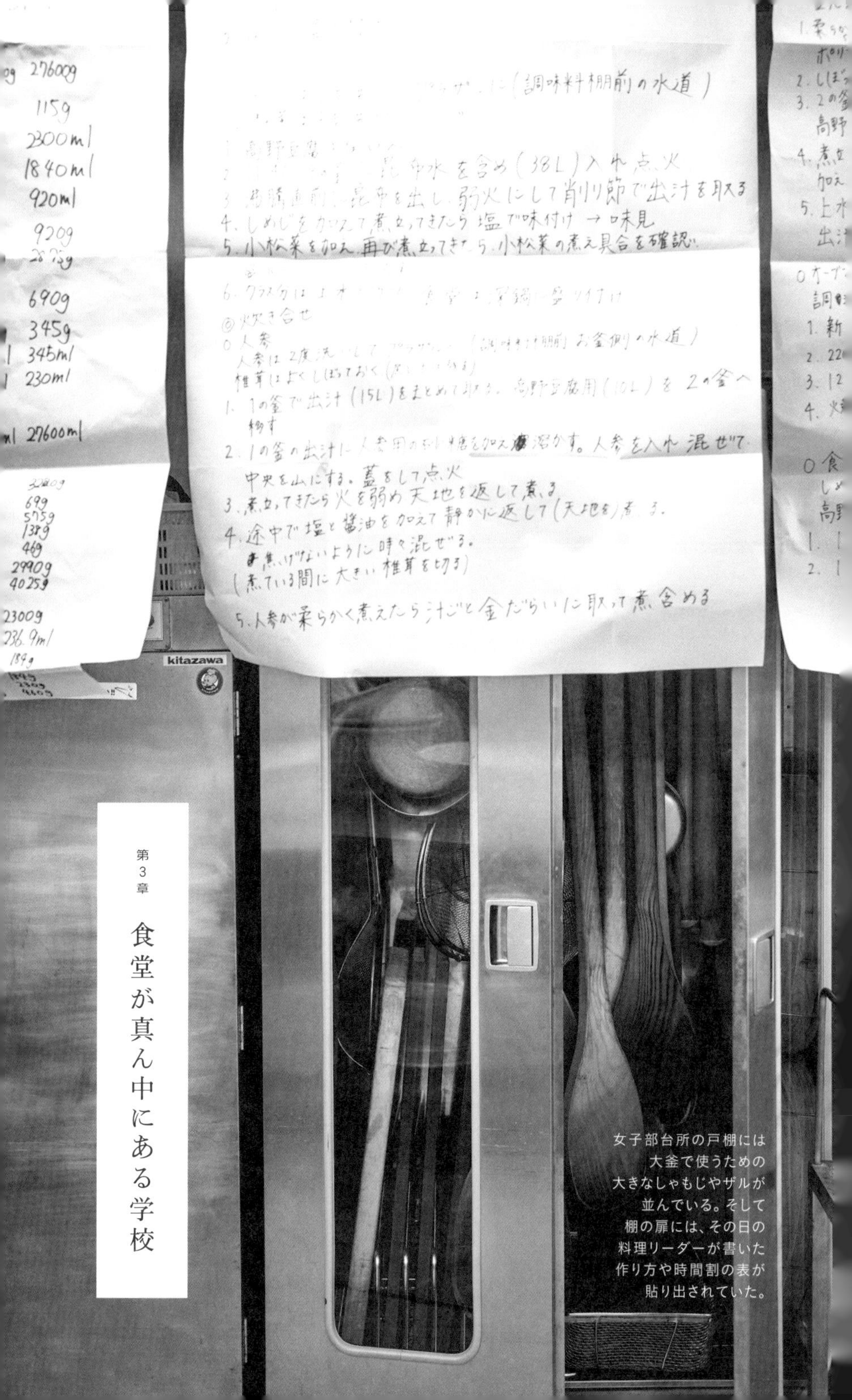

27600g
115g
2300ml
1840ml
920ml
920g
690g
345g
345ml
230ml
27600ml
（調味料棚前の水道）
3. 沸騰直前に昆布を出し弱火にして削り節で出汁を取る
4. しめじを加えて煮立ってきたら塩で味付け → 味見
5. 小松菜を加え再び煮立ってきたら 小松菜の煮え具合を確認
◎炊き合せ
○人参
1. 1の釜で出汁（15L）をまとめて取る。高野豆腐用（10L）を 2の釜へ移す
2. 1の釜の出汁に人参用の砂糖を加えて溶かす。人参を入れ混ぜて中央を山にする。蓋をして点火
3. 煮立ってきたら火を弱め天地を返して煮る
4. 途中で塩と醤油を加えて静かに返して（天地を）煮る。
焦げないように時々混ぜる。
（煮ている間に大きい椎茸を切る）
5. 人参が柔らかく煮えたら汁ごと金だらいに取って煮含める
kitazawa

第3章

食堂が真ん中にある学校

女子部台所の戸棚には大釜で使うための大きなしゃもじやザルが並んでいる。そして棚の扉には、その日の料理リーダーが書いた作り方や時間割の表が貼り出されていた。

新天地と呼ばれる畑で
耕運機を動かす最高学部の
農芸グループの学生。
土を起こし、堆肥をすき込み、
種をまいて野菜を育てる。
そして、その野菜は
生徒の昼食の食材となる。

原点を学び　循環を知る

上／女子部の台所。
ご飯の大釜はかまどに
薪をくべて火を起こし、
120人分を一度に炊く。
下／男子部の、命に触れる
学び「産業」で
中等科の生徒たちが
校内で飼っている豚。
子豚から育てて
4カ月で出荷。精肉して
お昼の食卓でいただく。

ある日の女子部の食事。
パン、トマトのポタージュ、鮭のムニエル、
粉ふき芋、ジェノベソース、
カリフラワー、ブロッコリー、人参のサラダ。
パンは校内のパン工房で作ったもの。
じゃが芋は畑で生徒が収穫したもの。

この学校は食事がおいしい。みんなでいただく食事を自分たちの手で作ることも、大切な授業の一環。仕事の段取り、協力、思いやり、そして、大いなる命の循環の中で生かされていることを、すべての生徒が、食事作りという体験を通じて理解していくのだという。

生徒たちが作るお昼ご飯

フランク・ロイド・ライト*の弟子、遠藤新《あらた》*が設計した自由学園の校舎の中で、最も美しいのは、女子部の食堂ではないだろうか。シンメトリーに、両側に教室が並ぶ芝生の中庭に向かって、それは学園を見守る聖母のように威風堂々とそびえている。木材をふんだんに使った内観は温かで、天井は思いのほか高い。両脇の広い窓からは、中庭の風に揺らぐ樹木の姿が、まるで一幅の絵のようだ。

ここで供されるのは、いわゆる給食ではない。尊厳に満ちた食事である。

創立者の羽仁吉一*が、こんなことを書いている。

「給食なんて、へんな熟語でわけのわからん言葉だ。だれが給食するのだ。国家がするとは結構なことだ。いつかも、あまの博士も給食という言葉はいやだ。学校食と名付けたいといった」

あまの博士とは天野貞祐《ていゆう》*。吉一の朋友で、文部大臣をつとめたカント哲学の権威である。

だが、そんな贅沢な環境にもまして驚かされるのは、この学校では生徒たちが、その食事を

【フランク・ロイド・ライト】
1867〜1959
アメリカの建築家。自由学園の最初の校舎である明日館を設計。他にも帝国ホテルなど、日本国内にいくつかの作品を残している。

【遠藤新】
1889〜1951
ライトの愛弟子として、明日館を共に設計。南沢キャンパスに移転した後もさまざまな校舎を手がけた。

【羽仁吉一】
184ページ参照

【天野貞祐】
1884〜1980
哲学者、教育者、文学博士。自由学園では1957年から約20年間理事長をつとめた。

自分たちの手で作っていることだ。それも創立以来、ずっと続けてきたという。

そんな学校は、国内はおろか、世界でも聞いたことがない。数年前に「エディブル・スクールヤード・ジャパン*」の招きで、全米に学校菜園運動を拡げてきたアリス・ウォータース*が来日した際には、「自由学園明日館」で学園の学生チームが調理を担当する食事会を楽しんだ。そして「ここへ来て、皆さんのようなすばらしい人たちにお会いし、若者たちの世界を変えたいという思いは希望から確信に変わった」という言葉を残している。

この食事作りは、そもそも、どんなきっかけで始まったのだろうか。

「当時はご飯に梅干しの冷たいお弁当です。創立者は、成長期の生徒たちにもっと栄養の偏りがなく、できれば温かい作りたてのものを食べさせてあげたいと考えたようです」

そう教えてくれたのは、女子部の食事作りを担う稲原よし子さんだ。創立当初の学園には家にお手伝いさんがいるような良家の子女も多かった。そんな時代に、羽仁夫妻は、自分たちのことは自分たちでしよう。自主独立の人として生きていくことが大事だと唱えた。そこで、自分たちの手で作って食べるということを学びの中心に据えたのだという。

「だから、私たちは食事作り、食事時間と表現しています。なぜ、ずっと続いてきたのかって？それは、学校が守ったというより、生徒自身が一緒に生活し、食事を作る体験が楽しく、かけがえのないものだから、これを失くしたくないと考えたのです。自分たちの手で作って食べることの大切さを、頭で考えるだけではなく、実体験を通じて知る。それは、その後の生きる方向まで関わるのではないかと思うのです」

食事作りは授業の一環だが、自治力を身につける場でもあるという。


【エディブル・スクールヤード】

【アリス・ウォータース】

アメリカで広まった食育菜園の取り組み。創始者アリス・ウォータースは、学校で起きるさまざまな問題の根っこに食事環境の悪化があると考え、食の教育を取り入れた。エディブル・スクールヤード・ジャパンは日本における窓口。

女子部の中心に立つ、食堂の建物。

「献立は家庭料理が基本です。最初は切って、煮て、出すだけの単純なもの。だしもとらないものから始まり、少しずつ焼きものや揚げものが増え、学年の終わりには豪華になっていく」

さすがに高3になると、年に数回、特別料理を作るだけになる。献立を見せてもらうと、中1から高2まで毎日、料理作りの担当が替わるから、食事も変化に富む。

「食べる側からすれば、和食は週4日で、洋食が2日。1週間で、まぜご飯から天ぷら、フランス料理と多様な料理が味わえる学校もやっぱり珍しいと思います。生徒たちはとても楽しみにしていますが、週に一度、シュークリームや桜餅と凝ったお菓子も作る。学園には昔からパン*工房もあって、毎日、焼きたてパンをいただけるんです」

何年も前に学園に招かれて、食堂で生徒たちと食事を共にしたことがある。

ここでは伝統的に、中1から高3まで一緒の小グループが、テーブルを囲んで食事中の歓談を楽しむ。そんな学校での食事風景は見たことがなかった。こんなことができるのかという新鮮な驚きだった。だが、2020年はコロナ感染対策から、それも許されず、テーブルは横並び、会話さえ控えるようにとなっていた。お皿もしばらくはワンプレートに切り替えた。

「普段は、食事の時間のコミュニケーションを大事にしているのです。学園には校内放送がないので、食事のときに各係の人が連絡事項を伝える。輪になって縦割りでいただくときには、そこにホスト役のテーブルマスターがいて、盛りつけや配膳も覚えるのです」

1学年が1クラスの小さな学校だ。とはいえ、女子部の生徒は約240人。その全員分の食事を、クラスの半分の約20人で作る。本当にそんなことができるのだろうか。

だが、百聞は一見にしかず、いよいよ、その日がやってきた。

各部に食堂があり、全員が集まって手作りの温かい昼食をいただく（写真は女子部）。

【パン工房】
1954年から校内にパン工房があり、毎日の昼食や寮の朝食に焼きたての手作りパンが食べられる。

人としての愛情を育む

２０２０年９月、ようやく生徒たちが登校でき、食事作りが始まった。朝９時に待ち合わせした女子部の調理室には、大釜が４つ、奥には2台の炊飯用の薪釜がある。稲原さんは言う。

「このかまどは、２０１１年、耐震補強も整えた大改修のとき、群馬のピザ窯を作る業者に特注したものです。最初はガスも、水道もない時代だった。燃料は薪くらいです。でも、今まで残ったのは、やっぱり釜で炊くご飯がおいしいからでしょうね。ここには湧き水*もありますから。お米は契約している業者が、使用直前に精米して納品してくださるからおいしいですよ」

さて長い休校の後、久しぶりの食事作りなので不安げな面持ちだった先生方の予想通り、その日の当番である中３の生徒たちは、ほぼ20分遅れてわらわらとやってきた。できすぎた優等生ばかりでないことに内心、ほっとした。

ところが、いったん白い調理着に着替え、それぞれの持ち場につくと、子どもたちの表情が変わっていく。リーダーたちが、タイムテーブル、献立、作業手順が、びっくりするほど細かに書かれた予定表を2枚貼り出し、5分も打ち合わせたかと思うと、無言のまま作業にかかる。

その日の献立は、ハヤシライスとポテトサラダ、デザートは葡萄。

大釜のご飯は、先生たちの分も入れて２６０人分、約24キロを２人で炊く。多感な年頃の女の子が、器用にかまどに火をつけ、薪をくべる姿は、ちょっと感動的だ。物静かな子が、むせ

【湧き水】
東久留米市内の落合川と南沢湧水群は「平成の名水百選」に選ばれており、校内にはその支流の立野川が流れる。

返る熱気の中で根気強く玉ねぎを炒める。最後まで眠そうだった小柄な子たちが、台の上に上がって、大きなしゃもじで、ベシャメルソース作りに挑む。それもバターの塊を贅沢に投入する本格的なソースだ。マーガリンやうまみ調味料は一切使わない。

「ジャムやドレッシングを、業者さんが売り込みに来るんですが、お断りしています。基本的には醤油、酢、砂糖、塩、だし、上級生には酒、みりん、それだけあれば料理はできる。カレーやハヤシライスも、ルーから作ります」

昼食の時間が近づくにつれ、朝の遅れを取り戻そうと、生徒たちは言葉少なになる。飴色の玉ねぎに厚い牛肉を、これまたふんだんに加え、ソースをザルで漉《こ》しながら注ぐ。その横で、ポテトサラダ班が、じゃが芋と人参を1センチ角に丁寧に切り揃える。調理を終えると、生徒たちは、やはり無言のまま、洗いものに移る。お焦げやソースがこびりついた大釜を一人で洗い上げ、ボウルや鍋、しゃもじを洗い、大釜に焚いた熱湯で消毒を終えると、やや遅れて自分たちも食事の席につく。

「はあ、疲れた」と一人がもらす。だが、その横顔はどこか満足げだ。

食事時間には、料理のリーダーたちが、その日のメニューと栄養、費用の表を生徒たちに発表する。こうして、生涯役に立つ健康管理の能力を身につけているのだ。けれども養われるのは、料理の技や栄養学の知識だけではないのだと稲原さんは言う。

「生徒たちは、担当教員と作り方を相談してタイムテーブルを作る。そこで時間の組み立てを学ぶ。そしてリーダーとして責任を持つ力だけでなく、みんなに伝える力も育つ。よく聞く能力も問われる。彼らの下には小リーダーたちがいて、それぞれご飯、主菜、副菜、デザートを担

大きなかまどに薪をくべてご飯を炊く。薪も校内で調達する。

当する。大人数の食事だから数を計算し、材料の量を量る。数学でもあるんです」

　しかし考えてみれば、子どもたちは火や油を使えば、刃物も握る。教師たちにとっては、責任の重い授業だ。ケガや失敗はないのだろうか。

「トラブルはつきものです。やけどや手を切ることもある。酢とみりんを間違うこともある。ご飯を焦がしても、友だちが作ったものだから、まずいのにおいしいと言って食べる。大皿を割って泣き出す生徒もいる。でも時がたてば、いい思い出になる。ここで学ぶことは、そんなとき、相手の立場になること。長い目で見てあげること。そして失敗しても許され、取り戻す機会はいくらでもあるということ。台所は、人としての愛情を育む学ぶ場でもあるのです」

食の原点を学ぶ

学園の一角にある畑では、ダイコン、ニンジン、ネギ、ジャガイモ、サツマイモ、サトイモなど年間で約23種の野菜が、生徒たちの手で栽培されている。ハウスの中では苗や観葉植物を育てていて、トウガラシやオクラや秋の花の種、サトイモの種芋は自家採種*までする。

　畑の脇には小川が流れ、生徒たちが落ち葉を集めた堆肥場*もある。初夏には生徒たちがビーツを40キロも収穫し、酢漬けの下ごしらえをしていた。キクの世話をする生徒の一人が、「ここへ来ると安心するんです」と呟いた。秋に戻ると、コスモス、マリーゴールド、センニチコウ、10種のキクが咲き溢れる花畑だった。どこに何を植えるかの計画も最高学部の学生と生徒たち

校内にある畑で、大きく実ったダイコンを収穫。

【自家採種】栽培した作物から、次の作付け用に種を採ること。

【堆肥場】落ち葉を集め、発酵・分解させて堆肥を作り、翌年の畑の栄養にする。

が考えるのだと教えてくれたのは、家庭科教諭として農芸を指導する千原正子さん（52歳）だ。

「堆肥をすき込み、土を耕して畑を作るところから始めます。種をまき、肥料を施し、雑草や害虫を取って、野菜や花の成長を見守り育てることは、貴重な学びです。お料理の日に合わせて野菜を収穫して泥を洗い、量り整えて食糧部に運ぶ活動は、自然と命に向き合う生きた学習として、60年前から受け継がれています。なによりも学園の自然の恵みを受けて自らの手で育てた野菜を、皆でお料理して共にいただくことに、かけがえのない喜びと感謝があります」

さらに男子部には、1938年から続く「産業*」という勉強がある。中等科3年になると、畑、果樹、きのこ、養魚、養豚の5つのグループに分かれ、生き物を育て、その命をいただくまでを学ぶ。驚いたことに、キャンパスの中で椎茸を栽培し、湧き水でニジマスを育て、2頭の豚を年に3度、育てているのだ。

秋のある日、ちょうど養豚小屋に2頭の豚がやってきたというので、係の生徒たちについて行った。デュロック種など3種をかけ合わせた茶色い豚は、餌がもらえると思ったのか、駆け寄ってくる。2人の生徒が、おがくずの敷かれた小屋に入ってフンの始末をした後、逃げようとする豚の胴まわりを測定する。養豚を担当する男子部教諭の真野啓之さん（42歳）は、命をいただくことの本質を伝えるため、生徒たちをと畜場にも見学に連れていく。

「買って食べるだけでは見えないブラックボックスの部分をきちんと知ってほしい。働いている人に話を聞くと生徒たちは興味を示す。秋から飼い始めた豚は、年末に業者に委託してと畜し、精肉店の立ち会いのもと、産業の授業でかたまり肉をひき肉にする作業も行います」

畑で種をまき野菜を育てることや、豚を飼育することから食の学びは始まっている。生ごみ

【産業】

技術・家庭科の技術分野の授業。

や残飯は、畑の堆肥や豚の餌にもなる。学園の中に循環さえ作り出そうとしている。

男子部の調理室も見学する。この日のメニューは、鯖の味噌煮、ベイクドポテト、海苔が入ったキャベツのサラダ、ご飯。それにバナナケーキ。高2の生徒たちが、冗談を飛ばしながらもなかなか器用に仕上げていく。鯖は特製の味噌だれをかけ、丁寧に二度焼きする。ベイクドポテトも、一度茹でてからバターをつけ、オーブンで焦げ目をつける。寮の調理室では、ケーキの生地作りのコツを先生から習う。男子もまた、料理作りを十分に楽しんでいた。

男子部の調理を担うのは、家庭科の石田恵理さんだ。石田さんは、結婚して静岡から上京したとき、周囲に知り合いのいない娘を案じた母の勧めで、『婦人之友』*読者でつくる全国友の会*（通称・友の会）に入った。やがて、娘を幼児生活団*に通わせたのが縁で学園で働き始めた。その石田さんも、注意するのは爪などの衛生面や体調のチェック、火の管理などの安全面。生徒たちは基本的にリーダーが作ったレシピ表、タイムテーブルを見て動いている。

「男子部では高2が、授業の一環で週に一度、男子部約240人分の料理を作っています。当番は、クラスの半分の人数で作るので、1人あたり2週間に一度、食事作りをすることになります。内容は、炒めもの、煮もの、焼きもの、ルー作りと進んで、冬には凝った料理になる。献立も自分たちで決めるので、グリーンカレーやガパオライスとちょっと手がかかるものが入る。卒業生には料理人、パティシエやカフェを経営している人もいます」

生徒が作らない日は、保護者たちが作る。近郊に住む生徒の親による2カ月に一度くらいの割合の当番制。それにしても、大鍋の湯にくぐらせたキャベツを2人でさっと持ち上げ、オーブンで鯖の焼き加減を手際よくチェックする。生徒たちの動きは思ったよりスムーズである。

【婦人之友】
自由学園創立者でもある、羽仁吉一・もと子夫妻によって1903年に創刊された雑誌。

【全国友の会】
『婦人之友』の愛読者から生まれた団体。家庭生活の充実と向上を研究し、実行する。現在国内に173、海外に9の友の会があり、会員数は約1万6500人。

【幼児生活団】
自由学園の幼稚園。「よく教育するとは、よく生活させること」を教育理念とする。同じ理念を持った、友の会の幼児生活団が各地にある。

それはどういうわけだろう。
「普段から寮でも自炊し、食器洗いもしています。寮では、中1で生活の基本を教わる。洗濯も、最初の1年は手洗い。お金の管理は、校内に学生バンク*があって1年間小遣い帳を書き続け、2年目からはそれをもとに予算を立てる。時間やモノの管理を学ぶ。だから4人で寮生全員分の朝食を作ることに比べれば、全校分の食事作りもそんなに大変なことではないのです」

どうして、この学校は、100年もの間、食事作りを一度もやめてしまおうとはしなかったのか？　子どもたちと調理室に立ちながら、そのことを考え続けた。

おそらくそれは、今、私たちが向き合っている環境問題、大量破棄と飢餓、生物多様性の危機、森林伐採と水不足といった問題のすべては、突き詰めれば、社会における仕事と日々の生活が、あまりに遊離してしまったからではないか。子どもたちに、荒廃した世界を残そうなどと望む大人はいないだろう。ただ、経済活動とわが子の食卓、本音と建前、理念と行動といったものが遊離した大人ばかりが増えてしまったことに、すべての根っこはある。戦後の焼け野原で、高度経済成長期の環境汚染の中で、また原発事故の後にも、学園の教員や生徒たちは、命の原点へと立ち返ることの大切さを噛みしめたのではないか。

私が、改めて教わったことは、社会における役割と自らの生活が遊離しない大人に育つ教育の大切さだ。食は、私たちと家族や友、懐かしい里山や漁師の浜、遠く離れた国々、母なる大地とをつなぐ大いなる循環の真ん中にある根源的なものだ。分かち合う歓びであり、創造であり、未来へのヒントの宝庫だ。環境の世紀に、この学園で過ごした子どもたちが思いっきり活躍してほしい。

【学生バンク】創立以来続く、生徒のための経済のしくみ。寮生は一人ひとり口座をもっており、家庭から送られてきたお金を必要なときに引き出す。

昼食用のチキンカツを作る男子部高等科2年生。

学びの場と時間を子どもたちと共有する保護者

*初等部の食事作りは、基本的には保護者が担当する。1カ月に一度くらいの当番制だが、ひとつの懸念は、共働きが当たり前の時代に保護者が調理を担うという伝統に恐れをなし、入学に二の足を踏む人も少なくないのではないかということだ。

そこで経験者に話を聞いてみることにした。それもお母さんではなく、お父さんに。3人の娘たちを初等部から通わせ、今も三女が高等科に在学中だという大塚健治さんだ。

「食事作りは、初等部の頃は年に10回くらいありました。うちは共働きなので、夫婦で半分ずつやったので、私は年に5回くらいですね。幸い職場も協力的でした」

子どもたちの食事を作るという経験をどう感じているのか尋ねると、こんな返事が返ってきた。

「よかったという一言ですね。それは、娘たちと同じ場と時間を共有できたことです。昨晩も、20歳を過ぎた上の娘がこんな話をしました。初等部では6年生が下級生たちの面倒を見る。当時は嫌いなものでも半分は食べようねというルールがあったのですが、それをわかってもらうのが大変だったと、懐かしそうに話す。そんな会話を家族でできるのも、あの経験のおかげです」

それまで家では率先して料理をする方ではなかったという大塚さんは、経験を積むうち、家でも少しずつ料理をするようになった。

大塚さんは、4年前に保護者ボランティアグループ「南澤結乃組《みなみさわゆいのくみ》」に誘われた。

【初等部】
自由学園の小学校。「よくみる よくきく よくする」を教育理念とする。

初等部の食事時間。全学年が縦割りでテーブルを囲む。

「保護者や卒業生たちでつくる〈協力会〉という組織があって、その活動の中で行っていた学園の樹木の世話なども、継続して作業したいね、となりました。そのとき、ある保護者の方の呼びかけで自発的に生まれたものです。学園には歴史的建造物*もあるので、先生方とご相談しながらペンキ塗りをしたり、雑草を刈ったりしたりしています」

コロナ禍で生徒たちが通学できなかった2020年、キャンパスは雑草が伸び放題で、もぐら穴だらけになった。先生たちは芝生刈りや苗作りに大忙しだったが、このときも「南澤結乃組」が大活躍し、月に2度のペースで集まったという。

そんなある日、初等部の調理室を覗くと、明るい日差しの中で、調理着の7人の保護者が黙々と調理していた。感染予防から全学年縦割りでテーブルを囲むことはかなわないが、この日は1年生と6年生が隣り合って食事をしていた。その後ろに調理を終えた保護者も座り、一緒にいただく。ありがとうございます、という子どもたちに、静かに微笑む。食事を終えた子どもたちの中には、調理室に駆け込んでお皿を洗う*当番がいた。食事作りはできなくとも、洗いものは自分たちでする。そのための低い洗い場が並んでいた。

面倒くさい、を凌駕するだけの何かが、そこには確かにあった。

段取り力が知らず知らずのうちに身につく

食糧部*の運営を任される石川章代さん（66歳）は、高等科から自由学園に通い始めた。

【歴史的建造物】
→10ページ参照

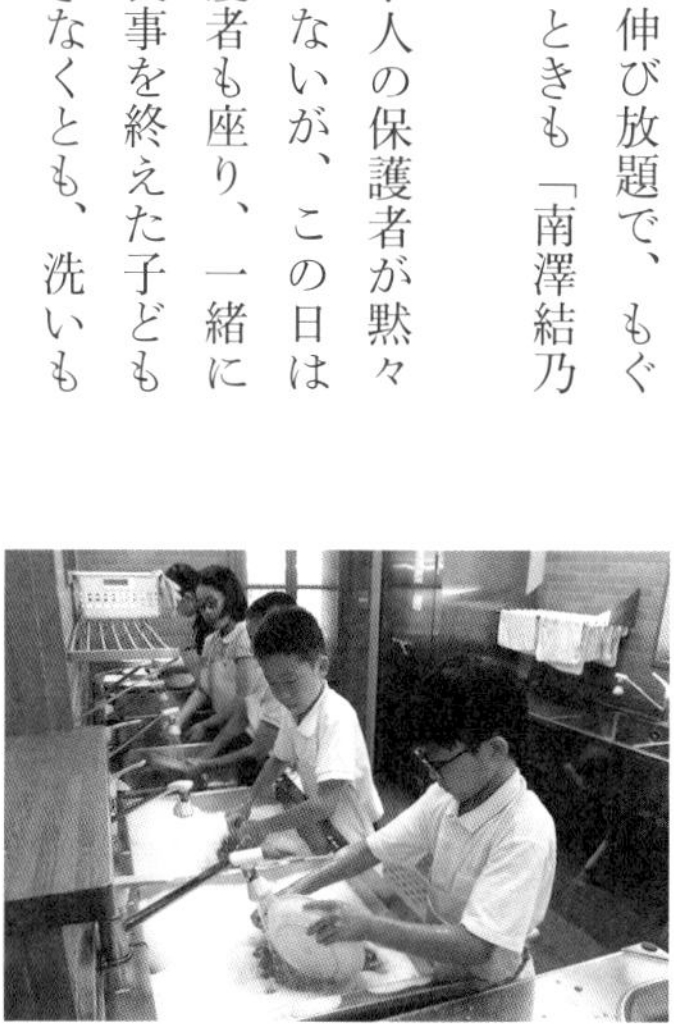

【お皿洗い】
初等部の昼食は父母が交代で作るが、食器洗いは4、5、6年生の児童が交代で行っている。

【食糧部】
寮も含めると校内10カ所に台所があり、献立作りから材料の仕入れ、調理や衛生面まで責任を持つ。学園の食を支える部門。

「あの頃は、なんで学校に来てまで、掃除、ご飯、後片づけなのと思っていました。それが実学なのですが」と笑う。それでも最高学部まで進んだのは、心のどこかでこの学校には何かあるという思いを否定しきれなかったからだと言う。

卒業すると石川さんは英語の専門学校へ進み、一般企業で働き始めた。するとコピー一つ取るのも要領がよいので、上司におもしろがられた。

「自由学園で知らず知らずのうちに身についていたのは、先を考えて、段取りよく仕事をすること。それは、お手のものだったから、会社でもとても重宝がられた」

子どもを初等部に通わせたときには、保護者の先輩たちから子育てのことを学んだ。

「保護者として食事作りをしてわかったのは、よくできた仕組みだなということです。保護者にしてみれば、違う学年の親たちも一緒に作業して、経験者が慣れない人をフォローする。だから、この学校の保護者は団結が強い。食事作りに通ううち、他のお母さんから子どもたちにお古をいただいたり、子育てで近視眼的にならないように助言していただいたり。それに、子どもたちにおいしいものを食べさせたい、ただ、それだけの目的のために共有する時間。あれは、なかなかいいものでした。初めて参加したお父さんが、こんなに楽しいこと、やらなければ損ですよ、と言ってくれたこともあります」

食糧部とは、幼児生活団から最高学部まですべての台所への食材を提供する事務所で、大きな冷蔵庫をいくつも持ち、会計や配分も任されている。現在は職員が行っている材料の調達、管理、会計は、2000年までは、女子部高3の生徒たちが行っていた。かつては、生徒たちが築地へ買い出しに出かけたり、食材を発注するなどもしていたという。

「その年、すべての取引先の店に挨拶まわりをしたとき、浅草の鮮魚店の娘さんが、亡くなった父は学生さんが注文を誤ったと電話してきても、ちっとも怒っていなかった。よく生徒にああいうことをやらせるな。おもしろい学校だと感心していたと教えてくれました」

食事作りは教育目的だから、大根を急に蕪に変えることができない。それを理解してくれる相手との長いつき合いだし、同じ食材には必ず、2つの業者を押さえている。

その業者たちが、コロナ禍で売り先に窮したとき、石川さんは学園の先生たち約50人と10回の食材の共同購入を呼びかけ、これを支えた。

台所が、校内にあるだけでも希少な昨今、この学校には全部で10の台所がある。幼児生活団、初等部、男子部、女子部、最高学部、みらいかん、3つの寮、そして食糧部の中だ。

「最高学部の1、2年には生活経営研究実習グループ*というのがあって、食グループの1年生は保存食を作る。東久留米の農家さんから買ったブルーベリーや学園の柚子でジャムを作ったり、梅干し、漬けもの、甘酢生姜なども作って、生徒たちの食事に出しているんです」

最高学部の脇に梅の林がある。初夏にはそこで摘んだ梅を、食糧部の前で土用干しする光景に出くわした。またあるときは、男子2人と女子1人の3人組が、埼玉県所沢市の農家から買った葡萄でシロップ作りをしていた。大きな銅鍋を2つ使い、砂糖だけで煮詰めた後、布で一昼夜かけて濾すという贅沢な製法は、日本に西洋葡萄を初めて植えた富岡敬明男爵の令嬢が「甲府友の会」の創立者だったのが縁で、代々、学園に伝わっているレシピだという。その学生たちは今、キャンパスに自生する野草を調べて、その中のキクイモを使ったスイーツやお茶の開発に取り組んでいた。

【生活経営研究実習グループ】→31ページ参照

最高学部の校舎の脇にある梅林。

地域に開かれたカフェと愛され続ける名物クッキー

自由学園のすぐそばに「自由学園　しののめ茶寮」*がある。3階建ての最上階は最高学部生の寮で、もともと男子部生徒の寮だったものを改修し、カフェが誕生したのは2011年。地域の人たちに開かれた交流の場に生まれ変わった。

ここでは、創業100年を超える銀座の名店、カフェ「パウリスタ」の無農薬の森のコーヒーと手作りのクッキーやパンで一息つくことができる。また、自由学園の食事のように栄養バランスのとれた日替わりランチをいただける。ここはまた、取材のために学園に通った私にとっても、オアシスとなった。初日に食べたミートローフは、丁寧に作られていて味も食感も格別だった。

カフェの運営を任されているのは、関連組織である自由学園サービスで、現場を切り盛りしているのは〈東京第一友の会〉*のメンバーたちだという。

「これからもっと居心地のよい空間にしていきたいし、素材にももっとこだわりたい」と言うのは、2020年から運営に関わっている食糧部の石川さんだ。石川さんたちは、地元の東久留米市に、一度は絶滅しかけた希少な柳久保小麦があることを知り、生産者たちを応援しようと研究を重ねてきた。そして、そのふすま（小麦の表皮）を使った商品を開発し、ようやく完成した絶品のキャラメルナッツやカステラをカフェでも販売し始めた。

【自由学園　しののめ茶寮】
南沢キャンパスのそばにあるカフェ。一般の人も利用でき、自由学園と地域の交流の場となっている。

【東京第一友の会】
全国に173ある友の会の一つ。友の会が発足した東京・池袋にある。

このカフェに隣接する「パン工房」では、生徒たちが食べているパンが、プロの職人たちの手で毎朝、焼き上げられている。このパン工房の歴史は、60年も遡るという。

もう一つ忘れてはならないのが、食事研究グループ*の販売するクッキーだ。このグループもまた、70年もの歴史を誇る。シンプルな缶にぎっしり詰められたクッキーは、脱プラスチックが唱えられる前からビニール包装なしのエコな一品。一度いただくとやみつきになる。

「小さな缶でも13種類入っています。バター、砂糖、小麦粉、卵が基本で、どれも少しずつ配合が違う。ココアやシナモン、ナッツやレーズンを少量。おそらく40年はレシピもまったく変わってないんです」

そう話すのは、8年前からリーダーを任されている高橋恵美さん（58歳）だ。

「学園でお菓子作りを教えていた福島登美子さん*と、同級生の方たちが、戦後すぐの1946年、物資がない頃に雑穀などで工夫して作り始めたのが最初だそうです」

この名物クッキーの味を守り続けるのは、16人の女性たち。うち3分の1は自由学園の保護者で、そこには子どもが小さなうちにも女性が働ける場を作ろうという意図もある。さらに70年前、卒業生たちが自分たちにできることで学園に貢献しようと始めた事業なので、今もどんなに忙しく働いても、利益はすべて学園の寄付に回しているという。

実直なまでに丁寧に手作りされたクッキーは、今ではとても希少である。

「ことに菊花など型抜きクッキーは大変です。まったく同じレシピでも、作り手や天気によって出来上がりが違う。だから手を抜かず、一つひとつ丁寧に作る。変わらないだけでなく、もっとおいしくなったと言われるように努力しています」（高橋さん）

【食事研究グループ】
1946年から自由学園の卒業生を中心に、「食」の勉強を生かして手作りのクッキーやケーキを製作、販売。缶入りクッキーはさまざまなメディアに取り上げられている。

【福島登美子】
1912〜2012
自由学園卒業生。食事研究グループ創設メンバーの一人。著書に『婦人之友社のお菓子の本』。

ボランティアを続ける友の会の底力

NHKの人気番組「あさイチ」のスーパー主婦として知られる足立洋子さんも、自由学園の卒業生である。合理的で、時短ながらも本格的な料理は、新しいレシピ本の地平を開いた。あまたの著作の中でも、番組を観たという編集者から連絡が入り、実現した『かんたんがおいしい！』（新潮社）はベストセラーとなった。また、『自由学園　最高のお食事』は、創立のときから続いてきた生徒たちによる食事作りが、世に知られる一つのきっかけともなった。

足立さんが自由学園に入学したのは、高校1年のときだ。自由学園では料理そのものを学んだというより「今一番しなくてはならないことの優先順位をつけること」を学んだのだという。

そして、本物志向を叩き込まれたのは、卒業後に入会した〈全国友の会〉*を通じて出会った先輩たちからだった。〈友の会〉とは羽仁もと子が創刊した雑誌『婦人之友』の愛読者の会で、1930年に生まれた団体だ。まだ女性の力が弱かった時代、「家庭から社会へ」女性の力を広く及ぼしていこうというのが、そのきっかけだった。2020年現在、友の会は国内173カ所、海外9カ所にあって会員数は約1万6500人である。

足立さんが、友の会で師と仰ぐ故平塚千鶴子さんは自由学園の大先輩であり、マルハニチロの創業者の一人で、吉田内閣の運輸大臣もつとめた平塚常次郎の令嬢だった。

「おだしの引き方も京都の料亭式なら、餡の作り方も老舗和菓子屋の作り方。なんでも一流でし

【全国友の会】
↓62ページ参照

た。その上で平塚さんには、生きとし生けるものの命をいただくのだから、素材を大切に扱わないと申し訳ないと教えていただいた。生活団で働き始めた日にお宅に伺うとお庭のふきのとうを細かく刻んで水に放したものを油でさっと炒めてくれた。素材がよければお料理はこれでいいのよ、といった一言は忘れられない」

足立さんは現在、〈苫小牧友の会〉に所属し、さまざまなボランティア活動も続けている。

北海道では数年前の地震で近隣の町が大きな被害を受けた。さっそく、苫小牧友の会では仮設住宅の集会所を会場に、月に一度「友カフェ」と称してお昼ご飯の提供を始めた。多くのボランティア団体が活動を中止していく中、「活動資金はどこから?」と聞かれる。全国の友の会会員たちが、いざというときのために毎月自分で決めた額を公共費としてプールしていること、遠くて一緒に働くことはできないけれど、このお金を存分に使ってほしいと言われていることなどを話したという。その後、毎年6月には「災害復興支援セール」を行ってきたが、コロナ禍の2020年は苫小牧友の家*で、同じ苦しみを体験したことから思いつき、今も支援を続けている三陸のわかめ、熊本のお菓子に、手作りのマスクを入れて各家庭に届けた。

全国友の会では、かつて最貧国といわれたバングラデシュ*とも台所交流を続けた。

「友の会のすごいところは、〝よいことは必ずできる〟と信じていること。かつてはずっと家にいた主婦たちが、家庭と社会のつながりを見出し、喜びを感じたのでしょうね」

2015年、全国友の会が自由学園と協力して「自由学園明日館」で開催した「おさなご発見U6ひろば*」というイベントでは、その準備期間から、苫小牧友の会でも「子育てママの料理教室」「小学生集まれーっ!」「新米ミセスの料理教室」を行ったほか、季節ごとのおもてな

【バングラデシュとの台所交流】現地の人の生活改善のため、大豆料理や洋裁技術を携え1984年から2002年までバングラデシュを15回訪問。

【友の家】友の会の活動拠点。全国に124の友の家がある。

【おさなご発見U6ひろば】6歳以下の子どもたちの生活、子育て、暮らしについて考えるイベント。

し料理の講習会は30年以上も続いている。

長い友の会での活動を通して、生涯の親しい友人たちにも恵まれた。夫を亡くした15年前のクリスマスに、1枚のカードが届いた。バングラデシュの台所交流を通して知り合った、尊敬する先輩会員からのものだった。今も大切にとってあるそのカードには「心に平和を保ち、あなたの人生を貫いている、明確なパターンを見いだしなさい」と書かれていた。学園での食事作り、友の会でのボランティア活動や料理教室、いつもおいしい、の顔が見たくて台所に立ち続けた日々が、くっきりと意味を持って立ち上がった。そして、今でも、その言葉が背中を押してくれるのだという。

行列ができるパン屋さん、日用の糧を作れる幸せ

山下雄作さん（42歳）は、神奈川県でパン屋「ブーランジェリーヤマシタ」を営む。東海道線二宮駅から15分ほど離れた住宅地にぽつんとありながら、平日でもお客が並ぶ人気店だ。

山下さんは、自由学園在学中、デンマークのオレロップ体育アカデミー*に留学。卒業後は日本に進出したばかりの高級北欧家具店などで10年間働いたが、忙しい毎日が続いた。そんなある日、32歳で突然、会社を辞めた。しばらくは価値観の変化に心身がついていけなかったが、2人の息子が、パンをもぐもぐ食べているのを見て、「そうだ、日常の食に関わることができれば、人のためになれる」と直感した。


【オレロップ体育アカデミー】

自由学園とは長い交流の歴史がある。1931年、オレロップの体操チームが当時池袋にあった自由学園で模範演技を披露。以来、多くの学生や卒業生が留学してきた。

熱心なクリスチャンで、自ら大量のクッキーやアイスクリームを作って教会のバザーで配っていた祖父の思い出が蘇った。生徒全員の食事を作ってきた自由学園育ちだ。どうせやるなら自分の手で作ろうと、10年ともいわれる業界で、2年半でパン修業を果たした。店の場所を決めるにあたっては、何か縁を感じ、羽仁吉一が没した二宮に定めた。さらに顔の見える素材を探し、すべて国産小麦にこだわった。

ボロボロだった美容院を時間をかけて自ら改装した小さなパン屋の奥には、どこか北欧風の美しいカフェがある。庭が見えるガラス戸には、白い絵の具の伸びやかなタッチで樹木や遊ぶ人々が描かれ、そこに柔らかな木漏れ日が射していた。かぼちゃの種がのったバーガーとスープ。心を込めて作られた食べものが、身体だけでなく、心の糧となることを静かに実感した。

山下さんには、学園時代の忘れられない場面がある。

「自由学園では高3になると学校の運営を担当する。でも、僕らの学年は、僕もバスケしかできないし、みんないい加減だった。もうすぐ高3になるというとき、みんなで話し合っている場で、なぜか僕はぶるぶる震えながら、このままじゃダメだと訴えた。すると、僕の後ろで、当時担任だった今の学園長の高橋和也先生が、涙を流しながら言った。『僕は心が震えた!』と。その瞬間、クラスで何かが変わったんです。みんながそれぞれのやり方で役割を果たした。自分の心を届ければ、人の心を動かすことができるんだと教わった瞬間でした」

だから店でも、心に残るもの、来てよかったと思ってもらえるものを作りたいという。

「食べることは普通のことだと思われがちです。でも、食することは神聖ですし、それで生かされている。僕が作ったものが、みなさんの日用の糧となっていることが、本当に嬉しいです」

2/6

【自由学園と私】

親子で光に歩んだ1000日

横浜友の会会員・
整理収納アドバイザー
Ida Noriko
井田典子

1960年生まれ。整理収納、時間の使い方などのシンプルライフを『婦人之友』誌上で紹介。「片づけ訪問」をした家は300軒以上。各メディアで〝スーパー主婦〟として活躍するほか講演会も行う。『幸せをつくる整理術―ガラクタのない家』『はなちゃんとぴかりんピカピカだいさくせん！』（婦人之友社）など著書多数。

広島友の会で生活団の前身となる4歳児グループができた頃、通っていた弟がもらってくる励み表や母とのやり取りが羨ましくてなりませんでした。いつか子どもを生活団に入れたいというのは私の夢になりました。

結婚してようやく長男を授かったのは5年後だったので、私は思い出すのも恥ずかしいほどの張り切りようでした。「はやねはやおき4回食」の通りに、手作りと生活リズムを守ることに徹するあまり、公園が賑やかになる11時過ぎには嫌がる長男を連れ帰り、11時半に昼食。「井田さんちは軍隊みたいだね」と言われても平気でした。私が一生懸命やれば、きっといい子に育つと思い込んでいたのです。

長男が、東京友の会の世田谷幼児生活団（注1）に通い始めると、ますます思いは熱くなり、入団式があるわけでもないのに、初日にはカバンとおそろいの生地で縫ったジャケットスーツを着せて行きました。ボタンが固くて一人で脱ぎ着できなかった長男の思いには、もちろん気づきませんでした。毎週水曜日、1歳の長女を抱っこして長男の手を引き、満員の小田急線で通い、残りの在宅日は子どもが励み表をつけるのを見守るはずが、つい余計な口出しをして「私の励み表」になっていました。そして初めての父母会、指導者から思いがけないことを言われたのです。「井田さん（生活団では子どもをさん付けで呼ぶ）はお家ではとってもいい子だと思いますが、ここでは解き放たれてはじけていますよ」

えっ?! 信じられなかったけれど、見学のときに唖然としました。長男は隣の子にちょっかいを出したり、椅子をガタゴトさせたり、トレーナーの襟ぐりから両手を出してふざけたり…。私の前では決してしないことばかり。でもそれこそが彼のやりたかったことであり、本当の姿だったのです。頭ごなしに叱ってやめさせるのは簡単ですが、生活団では集団の中でそれがどう影響するか、本人が自覚して気づくのを「待って」くださいます。いつも先回りして子どもの行く道を整地していた私とは対極の「忍耐の教育」でした。

やがて、ダイナミックな粘土制作やジュウシマツ、モルモット、伝書鳩のお世話をするようになると、好奇心旺盛な彼は少しずつ集中できるようになりました。一番の思い出は、「鳩飛ばしに行ってそれを歌にしたこと」という彼は今、32歳。メルボルンでDJ banjoとして音楽活動をしています。もちろん紆余曲折ありましたが、自分の目指す道を切り拓く力をいただいたことに感謝でいっぱいです。

「…おさなごはみずから生きる力を与えられているもので、しかもその力は親々の助けやあらゆる周囲の力にまさる強力なものだということを、たしかに知ること…そうしてその強い力が、我々に何を要求しているかを知ることです」

羽仁先生の『おさなごを発見せよ』は少子化の今こそ大人が心すべきことかもしれません。

一方、2歳下の長女は2月生まれということもあり、家では兄が何でも代弁してくれたので話さなくても済んでいましたが、生活団ではじめて「ひとりで立って話すのをじっと待ってもらう」体験をしたのでした。小さな手で支度をするにも靴を履くにも時間がかかります。「先に行くからね」と脅してもわんわん泣くばかり。そんなときに父母会で読んだ『生活即教育』がまたも響きました。「子供を教育するものは、自覚的生活環境ただそれ自身…親が子供を教育するのでなく、…よい環境をつくりながら、おとなも子供もその中でみずからを教育してゆく」とあります。靴ひもに手間どる子どもに代わって大人がサッと結んでしまう方が早いけれど、それでは子どもに何の成長もないのです。大人にできることは、根気よく子どもの手に任せるために5分の余裕をもって玄関に行くこと。忙しい朝、その5分を生み出すためには？　帰宅が遅くなるなら夕食の下ごしらえはいつ？　掃除や洗濯は？　その工夫すべてが私自身の生活勉強につながりました。

あんなにおとなしかった娘ですが、生活団でイーゼルを立てて伸び伸びと絵の具を使って描くときは、大胆な色使いと構図で内面のエネルギーを表現していました。音楽体操が大好きになり、やがてバレエに目覚めました。30歳の今はカナダ人の夫と6歳と3歳の子どもがいて、私たち夫婦と同居しています。働きながらも夫婦で自然に家事分担しながら、じっくりと子どもの話を聞くことを優先するのは私にはできなかったことです。

末っ子の次男は上の二人から2年休憩をはさんで生活団に通いました。一人だけの手をつないで通うのは余裕ができて楽しいばかりでした。3人目にしてようやく私自身も「まず子どもの様子をよく見る」ことができた気がします。Education（教育）の語源はラテン語のEducare（引き出す）ということなのですね。大人が子どもより長く生きてきたというだけで、自分の考えをそのまま押しつけることのないよう、まずは「受けとめる」ことをしてくださった生活団の教育は、奇跡ともいえる贅沢な環境だったと思います。

その次男が小学2年生のころ、私が思春期の長男に悩んで悶々としながら無意識に引き出しを片づけていたとき「ママ、片づけるの楽しそうだね」と言ったのです。私はモノの整理をすることで心も整理していたのだと、初めて気づいた瞬間でした。それが後に、整理収納アドバイザーとなるきっかけをくれた一言にもなりました。

子どもたちは帰省するたびに、広島の生活団に通った3人のいとこたちと一緒に冷水まさつをしてきました。全員生活団出身の6人は今、教員、医者、会社員、DJと進む道は違っても「運動会のおしたく競争！」「お土産のツヤツヤりんご！」「鳩小屋のニオイ」と濃密な思い出話は尽きず、強い連帯感でつながっています。

就学前の3年間、親子で光に歩んだ日々は、最も愛おしい1000日だったと確信しています。子どもたちの心の畠にまかれた種が、いつか芽を出す希望の教育として、これからも生活団の理念が受け継がれていきますように。

（注1）東京世田谷区にある友の会が主催、運営する幼児生活団。

第4章

自分が使う机と椅子を作る

男子部の教室に並んだ
机と椅子。
男子部では全員が
自分の机と椅子を作り
それを高等科3年の卒業まで
使い続ける。

上下とも／2017年に完成した「自由学園みらいかん」。
建物の骨格にも、子どもたちが使う家具にも埼玉県の名栗植林地や
三重県の海山植林地で生徒、学生が育ててきたヒノキ材を利用。
未就園児保育や放課後の学童保育に活用されている。

長いときを超えて
今がある

女子部高等科1年の読書の授業。
対話をしながら、
創立者である羽仁もと子の
『教育三十年』を読む。

校内にある樹木の管理も学生たちの仕事。
ヘルメットをつけ、高い木に登って剪定をする
最高学部の樹木グループの人たち。

4000本以上の樹木が育つキャンパスに留まらず、埼玉県の植林地や栃木県の農場など、何とも贅沢な教育環境は圧巻。自分が使う机や椅子まで自分たちで作るのだという。環境の世紀、サステナブルな未来社会のモデルとして、新たな一歩を踏み出そうとしていた。

70年間、生徒たちが育ててきた森林のある学校

2020年の春、東京大学の構内で開催された「脱炭素チャレンジカップ2020」*（JNCCA主催）において、自由学園男子部は、学生部門の最高賞である文部科学大臣賞を受賞した。評価の対象は何だったのか。何と、歴代の生徒たちが1950年から植林を続けてきた森林があるという。それが、70年の歳月を経て伐採の時期に入った。そこで、そのスギ・ヒノキを、中等科の後輩たちの木工教材にするために、高等科生が丸太を運び出し、麓の製材所で板にしてもらい、学校で、自分たちの手で加工したというのだ。

さっそく、植林地の一つである埼玉県の名栗の森林を訪ねた。案内役は、女子部の教諭で学園の木工教育を担当する遠藤智史さん（32歳）。遠藤さんは自由学園を卒業後、岐阜県にある「森林文化アカデミー」*で学び、「東京おもちゃ美術館」*を運営する認定NPO法人「芸術と遊び創造協会」で木育事業に従事した。そして岐阜時代の師の招きで、この学校で木工と「木の学び」を教えるようになった。2016年に生まれた、精度の高い家具や食器も作れる本格的な工具を備えた新しい木工教室が、主な活動場所だ。

【脱炭素チャレンジカップ】
脱炭素社会づくりや、地球温暖化防止につながる活動を、多種多様な団体が発表するイベント。2011年から開催されている。

【岐阜県立森林文化アカデミー】
森や木にかかわる生き方を目指す人のための専門学校。岐阜県が運営し、林業のほか環境教育、木造建築、木工などを学ぶ。

【東京おもちゃ美術館】
赤ちゃんからお年寄りまで多世代が、おもちゃとの豊かな出会いと楽しみを体験できるミュージアム。東京新宿区にあり、姉妹美術館が全国に広がっている。

遠藤さんが、名栗の森林で植林が始まったいきさつを教えてくれた。

「歴史的には、創立者の羽仁吉一が、山での勉強は、労働、研究、静思であると、男子部を創立した年に構想を語っています。どこかの森に山小屋を建てて、生徒たちに植林をさせながら、林業の経営もやらせれば、それは自然科学や経済学の生きた勉強になる。そこで寝泊まりすることで、深山大沢そのものが感性を育てるだろうと。けれど、15年後にその思いを具現化したのは、男子部1回生で、英語教師だった宮嶋眞一郎さん（１３９ページ参照）だった。１９５０年、10ヘクタールの山に高校3年生が、２週間かけて植林したのが最初です。スギを２万３０００本、ヒノキを約７０００本です。本当にすごいですよね」

しかし、そのすごさは、現場に来てみなければ決してわからない。その森林は、呑気にピクニックにやって来るような平坦な森ではなかった。うっかりしていたら転げ落ちていきそうな傾斜地ではないか。しかも70年間生徒たちが手をかけてきたという、見上げるようなスギやヒノキが、すっくと伸びている。本気の植林地だった。傾斜地を下った沢のそばに、ひっそりと立つ小さな山小屋も、生徒たちの手作りである。台風や大雨で何度か壊れ、今の小屋は3代目になるという。

「植林は、自分の時代には結果は出ない。次の世代のためになる。木を植えるというのは、形容しがたいよさがありますね」

そう話してくれたのは、卒業生で「シーラカンス修道会」代表の福澤和雄さん（73歳）だ。日本橋の下町で育った福澤さんは、母方の実家が大きな農家だったこともあり、子どもの頃から自然が大好きだった。中学から自由学園に入学したのも、当時はひばり*が丘団地もできる前

70年たって成長した森の風景。

で、田舎にあって広大な緑の敷地を持つ学園に惹かれてのことだった。

名栗の森では、福澤さんの世代は、下草刈りに明け暮れた。団塊の世代で生徒が多く、とても小さな山小屋に入りきれず、3人のテント暮らしだった。

「狭いのはいいのですが、梅雨の頃だと洗濯して濡れたままのパンツをまたはく。それがたまったものじゃない。でも、それ以外は楽しかった。紫のアジサイや野のユリがきれいでね」

三重県の海山《みやま》では、植林の前の地ごしらえをした。

「大きなシダが生えている。それを鉈鎌という大きな鎌で刈っていく。刈り終わったら棒で巻いていく。その後で、ようやく50センチくらいのヒノキを植えていくのです」

いちばん心に残っていることはと尋ねると、「やっぱり、自由学園の思い出といえば、雲水机ですね」と答えが返ってきた。雲水机とは、引き出し付きの簡素な机だったそれを、まるで禅僧が使う机のようだと、当時の生徒がつけた名だった。

「中学校に入学してすぐに、机と椅子と脇箱を作った。今も、机と椅子作りは続いていると聞いていますが、当時は3点セットでした。それに1カ月くらい費やす。

まず、自分に必要なものを作る。これがずっと、頭にあるんだよね。まず教科書じゃない。自分に必要なものは、自分で作る。それが人生の基本というか、植林の山に行っても足りないものはまず自分で作る。そうすると何がいいって、頭がよくなるんですよ、考えるから。今、73歳ですが、結局、学校というのは、考えることを教えるだけですね」

男子部の机と椅子作りは、創立者の羽仁吉一が始めた。「先生が教えてくれたことをノートに書き写す、詰め込み教育の考え方を捨てさせるため」だったという。学校は、ただ黒板を書き

【ひばりが丘団地】１９５９年に造成された日本住宅公団最大の団地。自由学園からは徒歩圏内にある。

男子部の机と椅子作り。躯体にはスギ・ヒノキを使用して、雇ホゾという木組みの工法で組み立てる。80年の歴史の中で取り組み方や仕様(形)は常に変化してきたが、学校生活で学ぶための道具を自分たちの手で作るスタイルは今も変わらない。

写すところではなく、自分の手と頭で考える力を育む場だ。子どもたちの意識を変えるために、吉一は入学直後に1カ月もかけて勉強机を作らせた。そんな前衛的な試みでもあった。これを長年指導してきたのは、美術教諭の中川龍さんだったそうだ。

「現在、机と椅子作りは、木工教室で活動する生徒たちが下加工を済ませた後、限られた授業時間の中で1年生が製作しています。当初は、2人で2台を作っていたそうですが、今は全員で全員分を組み立て、最後の仕上げを自分たちでします。そうすることで、手の足りない工程を補ったり、次は何をすべきか、教室を見渡して考えられるようにもなります」と遠藤さん。

今後、机と椅子作りは、さらに新しいカリキュラムへと発展していくそうだ。

自由学園は、名栗の森林だけではなく、１９６６年には三重県の海山町（現・紀北町）に、速水林業の速水勉さん、享さんのご尽力によりヒノキを8万本も植林、１９８2年には栃木県の大田原にも植林地を拡げた。名栗の森林で、男子部の生徒たちは毎年5日間、共同生活を送って働いてきた。１９５０年代は下草刈り、60年代からは枝打ち、やがて間伐と、木々の成長に応じて森の仕事は変化してきたが、大きく樹木が育った今、作業の危険度が高くなる。そこで森とのつき合い方を大きく見直すときがきているのだ、と遠藤さんは言う。

そんな中、２０１7年に実現したのは、海山や名栗の植林地で育ててきた木材を活かして建てられた「自由学園みらいかん」*だ。ここは、3歳以下の子どもたちが集う場、初等部の子どもたちのアフタースクールの場として活用されている。

また、名栗の植林地がある埼玉県飯能市と自由学園が２０１8年に「森林整備協定」を結んだことで、生徒たちだけでは難しかった作業道の敷設や間伐もできるようになった。

【自由学園みらいかん】
子どもたちが自然によい時間を過ごせる空間として、「こども・かぞく・みんなが育つ学びの場所」として2017年に開館。設計は松井亮氏。翌年グッドデザイン賞を受賞。

学びたい空間を自分たちでデザインする

男子部ではずっと植林を続けてきたし、木工には特に力を注いできた。2015年、女子部の机と椅子が老朽化したことをきっかけに始まったのが、「机と椅子のプロジェクト」*だった。ちょうどこの時期、プロジェクトのメンバーたちは、ロシアの森林の不法伐採について学んだばかりだった。そこで新調することになっていた机と椅子の業者に問い合わせたところ、ロシアからの木材で、出どころは不明との返事だった。生徒たちが調べてみると、全国でも国産材の広葉樹を使った家具はとても少なかった。輸入品は安く、曲がりや節も少ない。それでも産地のわかる木を使いたいという意見でまとまった。生徒たちから相談を受けた遠藤さんは、岐阜で広葉樹林の森を育てている「ものづくりで森づくりネットワーク」に生徒たちと見学に出かけた。広葉樹の循環を重んじて木を切り出すため、あえて1種類の木材で統一せず、ミズメ、チョウセンミネバリ、サクラ、ブナ、ナラ、カエデ、ハンノキと13種類の木材を使った。

「生徒たちは、製材所での作業にも参加しました。自分たちの机のために切り出した後の森林も目にして、将来、机を新調する生徒たちのために、植林もしていこうとなった。天板に色も木目も異なるいろいろな木材を使った机が並んでいる教室は、なかなかすばらしいですよ」

その「机と椅子のプロジェクト」に中等科3年のときから参加したのが、最高学部1年の村上夏海さん（19歳）だ。村上さんは、高2のとき、「学校をデザインする」*というプロジェク

【机と椅子のプロジェクト】「カタログから机と椅子を選ぶのではなく、どんな机と椅子が学園に合うかを考えてみよう」と始まったプロジェクト。女子部中等科高等科、3つのクラスが数年かけて引き継ぎ、研究と試作を重ねて、岐阜県の広葉樹を使った机と椅子が完成した。左写真は伐採予定地を見学する女子部の生徒たち。

【学校をデザインする】女子部の生徒たちが、自分たちで教室そのもののデザインまで取り組んだ。

トにも手を挙げた。現在、男子部の情報室に置かれているジャングルジムのような斬新な椅子は、彼女たちが制作したものだ。放課後、その上に腰かけて本を読んだり、ごろりと横になってくつろいでいる。緻密な模型だけでなく、CG動画で細部までを再現した取り組みは、学業報告会でも大きな評価を受けた。自分たちが学びたい理想の教室をデザインするこのプロジェクトに手を挙げたのは、中1から高3まで男子部の約10名、女子が9名だった。

「みんなで、おもしろい校舎を持つ他の学校も見学しました。建築科の大学生に模型を見せてもらったり、建築会社の人に模型の作り方や材料の買い方まで教えてもらいました。予算も組んで、みんなで材料の買い物に行った。私たちは、靴を脱いで入る教室を考案したので、カーペットや机も買いました」(村上さん)

もう一人、藤田葵さん(19歳)にも話を聞いた。

「先生が、いろいろな事例を見せてくださったのですが、海外の教室を見ると、カラフルで、ビーズクッションやソファがあったり、自由でいいなと。正面に黒板があって、机が一方向を向いて並んでいるのが日本の教室。固定観念にとらわれていたなと思いました」

それにしても、あの緩やかな木製の大きな立体の椅子という発想は、どこから生まれたのだろう。藤田さんが言う。

「誰かが、ロフト的なものがほしいよねと言い出し、それは無理だとなって、ピラミッド的なものを作ることにした。普段の教室では後ろの人が見えないから、段差がほしいねとなった」

こうして女子6人で、実際に作ることになった。

「難しかったのは、失敗したら、ダメという点です。一度は角材の長さがバラバラになって、新しい木を買いに行ったりした。そのときは、とても落ち込みました。印をつけても、あるはずのところに穴がなかったり、ずれが生じる。とてもハードでした」

13種の広葉樹から生まれた机が並ぶ女子部の教室は、それだけでも景色がよい。そんな机に日々、触れながら学ぶ生徒たちの中から、林業女子も活躍する現代にふさわしい、新しい感性が、静かに育っているのだろう。遠藤さんは言う。

「私は、森林をもっと生徒たちが主体的に関われる場になってほしいと願っています。そこでは、スギやヒノキの育成も行われていれば、読書や昼寝もできる。思いっきり遊んだり、顕微鏡レベルで森の中を観察して学ぶこともできる。これからの森林とのつき合い方が、そんな多面性を持つことで、そうした体験から感性を豊かにして、持続可能な社会や森林との関係を築いていけるだろうと信じています」

80年代から安い外材との価格競争に追い込まれた日本の森は荒れる一方で、今も住まいに使われる材木の大部分を遠く離れた海外の森林に依存し続けている。無計画な森林伐採をやめ、森林といかにつき合っていくのかは、環境の世紀の大きな課題である。それはまた、水源を守ることとも同義だ。木工教室で、黙々とバターナイフに紙やすりをかける生徒たちを見守りながら、遠藤さんがこう呟いた。

「問題は、昔の人たちが持っていた木の価値観が崩壊していること。日本人は、普段、手に触れる木が、どこの木かなんて考えもしない。そこに環境問題の根源があるのだと思います」

１００周年を迎えて、自由学園の先輩たちが森林に託した未来への願いを、今、改めて問い直すときが来ている。

本格的な登山が教えてくれたもの

自由学園には、京都やハワイといったよくある修学旅行はない。その代わり、遠足と称して、1950年からずっと本格的な登山を続けている。

「リスク削減のため、登山をしなくなったり、容易なコースに変えたりするケースが多い近年では、自由学園のような本格的な登山を行事として続ける学校は珍しい」

そう言うのは、大分県にある、立命館アジア太平洋大学（APU）で、環境について教えるイギリス・リーズ生まれのトム・ジョーンズさん（41歳）だ。1999年、ロンドンのセント・ポールズ高校を卒業後、ギャップイヤーで、自由学園の英語のティーチング・アシスタントとしてやってきたのが、最初の日本だった。

「キリスト教の学校なのに、ホームステイ先がお寺だと聞いたときは驚きましたが、とても温かい家庭でした。最初は3カ月のつもりでしたが、生徒たちとも仲よくなって半年に延長し、みんなと北アルプスの槍ヶ岳（3180メートル）登山にも参加したんです。それが衝撃的でした。生徒たちが、先生と下見もして、オーガナイズも企画もする。その年は、ちょうど学園の登山が始まって50周年、女性で世界初のエベレスト登頂をした田部井淳子*さんがガイドをしてくださった特別な年でした」

帰国後、シェフィールド大学で社会科学を専攻し、英日の国立公園の管理を卒業論文のテー

男子部高等科遠足。北アルプス常念岳山頂で記念写真。

【田部井淳子】
1939～2016
登山家。女性として世界で初めて、エベレストおよび七大陸最高峰への登頂に成功した。

マにした。信州大学では森林学を学び、東京大学で博士号を取得。そのかたわら、北アルプスの大自然にすっかり魅せられたトムさんは、山小屋で10年ほどアルバイトを続けた。

「その間も毎年ではないですが、お声をかけていただくので、自由学園の登山には何度もガイドとして一緒に登りました。一人として取り残すことなく山頂を目指すという方針のもと、体力に合わせてABCDとグループ分けして、体力のないグループを先頭にして登るとか、生徒たちが遅くまで話し合って決めていた。おもしろい学校ですよね」

そんな経験が、トムさんを環境の専門家へと導いたのだという。

「女子部は日光の白根山や尾瀬の燧ヶ岳《ひうちがたけ》などを目指す。そこで高山植物や生き物を観察するから、環境へのアプローチとしては最適じゃないですか」と話してくれたのは、現在、熊本県の水俣に暮らす小泉初恵さん（29歳）だ。

「中等科の頃の遠足では、黒百合ヒュッテという八ヶ岳の山小屋に泊まって、みんなで天狗岳に登った。本格的な一日かけての登山です。思った以上にハードできつかった。でも終わったときの達成感は何ともいえない。高等科では、尾瀬の湿地帯が本当にきれいで。湿地帯の繊細な生態系は、決して人の手が加わらないようにして守られていることも知った。高山植物には、1年で花をつけるのではなく、何年もかけて成長するものもあるんです」

最高学部の2年を終えると、小泉さんはAPUに進学し社会学を学んだ。偶然にも、トムさんが教えているそのユニークな大学は、教師も生徒も半数以上が外国人で、授業も英語が主体だ。大学を出た後、小泉さんは、世界中から視察に訪れる「水俣病センター相思社」という財団に就職した。単身、この町に移り住んで5年、「水俣病歴史考証館」の運営に留まらず、大学

山頂を目指して歩く女子部の生徒たち。

生のゼミや企業研修を受け入れている。

水俣病は、チッソ株式会社（当時）水俣工場の排水による海の有機水銀汚染で、多くの人々が犠牲となった最も有名な公害事件である。世界では、今も同様の公害が発生していることから近年、「水銀に関する水俣条約」*が生まれ、2019年には、スイスのジュネーブで119カ国の代表による国際会議が開かれた。

英語が堪能な小泉さんは、このとき、水俣病患者と共にNPO代表として会議に出席した。「アフリカなどでは金の精錬に水銀を使う。環境や人体に悪いとわかっていても、金の採掘はやめられない。水俣のように国家プロジェクトだからです。しかし、その場で胎児性水俣病の松永幸一郎さんが発言すると、会場は一瞬にして沈黙した。言葉が止まった」

国際会議のような場では、その沈黙こそに意義があったと小泉さんは言う。

この数年、最高学部の卒業研修旅行では、必ず水俣に立ち寄り、小泉さんとの交流を続けている。昨今、温暖化で高濃度の水銀を含む氷河が解け出し、アラスカのユーコン川流域の暮らしが危機的状況になる可能性があるという調査に、小泉さんはショックを受けた。だから、「今後はもっとゆっくり滞在して、生徒たちに水俣のことを深く知ってほしい」と言う。

ところで、危険と隣り合わせの登山を続けることは、学校側の準備も手間も覚悟も必要である。それでも続ける理由を、最高学部教師で卒業生の夏井正明さん（67歳）が教えてくれた。夏井さんは、登山医学界の重鎮で、いわば山登りのエキスパートだ。

「山に入ることが、自分と向き合うことだからです。苦しいけれどこれを克服する。自分の足で登る。そういう経験が、多感な頃の子どもたちには必要だと考えているからです。危険を避け

【水銀に関する水俣条約】

水銀および水銀を使用した製品の製造と輸出入を規制する国際条約。2013年に採択された。

るのではなく、正しく危険を教わることで危険への対処法を学ぶことでもあるのです」

学校はサステナブルな未来の社会のモデルに

埼玉県の名栗、三重県の海山が借用地であるのに対し、栃木県の「那須農場*」は、自由学園の所有地である。那須塩原駅から車で10分くらいの場所にあって、その30ヘクタールもの広大な牧場では、母牛が約60頭と仔牛約50頭がのびのびと飼育されており、これを5人の運営スタッフが、住み込みで世話をしている。１９４１年、創立者の羽仁吉一の熱い思いから開場されたこの農場では、牛の餌も、遺伝子組み換えではない濃厚飼料にこだわり、そのミルクは「こだわり酪農家の那須高原ノンホモ牛乳」として、那須塩原の地域ブランドにもなっている。また近くには、生徒たちが通って米作りをしている5アールほどの田んぼもある。

しかし、２０１１年の東日本大震災のときの東京電力福島第一原子力発電所の事故の後、この一帯がホットスポットの一つとなってしまったことから、現在は政府の基準値をクリアしているものの、生徒たちのために独自の厳しい基準（0・13マイクロ・シーベルト／時以下）を定めている自由学園では、生徒たちの定期的な利用は行っていない。

２０１３年から、男子部教諭として技術科を担当している真野啓之さん（61ページ）は、長男が4歳になるまで那須農場の責任者として、そこに骨を埋める覚悟で暮らしてきた。原発事故の後は、4年かけて職員住宅もある牧場の除染にスタッフと明け暮れた。ボランティアで卒

【自由学園那須農場】大自然に触れ、労働・研究・思索する場を生徒たちに与えたいという創立者の願いにより、1941年、教育農場として開場。荒れ地の開墾も生徒自身の手で行われた。現在は職員により酪農を中心に運営されている。

業生や保護者の家庭が労働をしに通ってくるので、真野さんたちは今も毎年、牧場の70カ所の線量を測り、厳しいモニタリングを続けている。だが、真野さんにとっては、何よりもまず懐かしい思い出の地だ。今も家族で訪ね、スタッフとの交流を大切にしている。

「自然に命を委ねるというのか、暮らしの厳しさも含めて、自然の中で生かされていることを常に思いながら、暮らしてきました」

2019年まで、那須農場で毎年のように星空ライブを続けてきたのは、ジャズミュージシャンの羽仁知治さん（59歳）だ。音楽仲間でもあり、同じ卒業生でもある*「JUN SKY WALKER（S）」の宮田和弥さんや小林雅之さん、*井手麻理子さんも参加してくれた。

「本当に気持ちのいいところなんです。僕らは、トラクターを舞台にしてね。みんなも家族でやってきてキャンプをしたり、宿泊施設も、お風呂もあるんです」（羽仁さん）

羽仁吉一は、1954年7月に〝農場がみんなを働かせるのではなくて、みんなの心の畠を耕すためにある。農場が決して無駄ではなかったといずれ思う時がある〟と書き残している。

「2011年の福島第一原発の事故は、物理の教師として経験した最も大きな出来事でした。この事故から、戦後日本が目指してきた民主主義が本当に機能していたのかを自問せざるを得ませんでした」

そう語るのは、*「環境文化創造センター」の次長、鈴木康平さん（68歳）だ。最高学部卒業後、早稲田大学大学院に進んだ。その後は男子部高等科で物理を教え、学習書などの執筆にも取り組んできた。

さて震災後、鈴木さんはまず手始めに、英国の教科書『21世紀科学』からエネルギーの章を、

【JUN SKY WALKER(S)】
(ジュンスカイウォーカーズ)ロックバンド。1988年にメジャーデビュー。一度解散したが、2007年に再結成。メンバーの3人(宮田和弥、森純太、小林雅之)は自由学園に通った。

【井手麻理子】
1975〜 歌手。

【環境文化創造センター】
自由学園各部の環境に関わる教育、研究、経営、社会活動をサポートする部門。データ提供や講師の派遣、外部事例の紹介、学園内の環境マネジメントなども行う。

生徒と共に3カ月かけて読み込んだ。さらに学びを深めるために休職し、英国に留学。ノーリッジで語学学校に通いながら、スイスやドイツを巡った。帰国後、「環境文化創造センター」の立ち上げから参加した鈴木さんは、「一貫教育の縦のつながりと教科や活動の横のつながりを、可視化すること」を思いつく。そして2018年からほぼ1年かけて、約20人の先生たちに話を聞き、学園の環境教育の実態を図式化し、見える化した精密な図表を作り上げた。

「3つの柱は、自然（エコロジー、河川や水、森林、生物多様性）、社会（サステナビリティ、自然エネルギー、公害と汚染）、生活（エシカル消費、衣食住）です。表作りを通じて、学園がやっていることを、改めて理解することが目的です。ただ、この現状を理想の姿と思ってもらうのは困る。ここからスタートと考えてほしいんです。

たとえば、学園には約4000本の樹木がある。それを今、データ化しているところです。埼玉県の名栗には、70年前から生徒が植林してきた森、三重県には50年前から通う海山の森がある。センター創設の翌年には、生徒が育てたそれらの木材を使って建てた校舎『自由学園みらいかん』が、グッドデザイン賞を受けた。2020年の春にも男子部が、脱炭素チャレンジカップで文部科学大臣賞を受けました。これらは、学校がやってきたことの意味を、生徒たちにも改めて理解してもらうために、遠藤智史先生と相談して応募したのです」

もう一つ鈴木さんが強い影響を受けたのは、学園でバードセンサス（野鳥観察）を続けてきた故*吉良幸世《きらゆきよ》先生だ。恩師が残した原稿を『自然はともだち』という一冊にもまとめた。

「ナチュラリストで鳥にも精通していた吉良さんは物理学者だから、鳥がなぜ羽を上下に動かすのに前に進むのか、種は落ちるとき、くるくる回ることでスピードが出ないようになっている、

【吉良幸世】
1927〜1997
自由学園男子部卒業。学園で長く理科の教師をつとめた。日本鳥学会、鳥類保護連盟、野鳥の会会員。著書に『地球ってすばらしいですね』（婦人之友社）がある。

新天地には小川が流れている。

など、自然の素晴らしさを説いてくれた。生物多様性という面では、キャンパスを7区域に分けて、中3の生徒が月に一度、バードセンサスを行っていた。周辺に団地ができ、都市化が進む中で、鳥にもどんな変化があるかの調査でもあった。今も校内に『野生植物観察実験区』を設け、希少な植物を保護、観察する取り組みをしています。

さらに鈴木さんは、東日本大震災を機に、生徒たちと学校の電力を見直した。

「生徒たちと話し合って、学校と明日館の電気を、コンセントの向こう側で電気をつくっている人の顔が見える電力に切り替えることにした。間伐材でバイオマス発電して排熱でイチゴ栽培もしている群馬県川場村の発電所にも、生徒たちと見学に行きました」

そんな活動は、新聞でも報道された。鈴木さんには、今、ひとつの夢がある。広大な那須農場でオーガニック・コットンを栽培してみたいというのだ。自由学園では、衣服も自分で作ることを続けてきた。裁縫や織物、染織まで学校で教える。ならば、もっと踏み込んで素材を掘り下げ、エシカルな消費、ファストファッションの問題にも切り込みたいのだそうだ。

「僕は自由学園をサステナブルな社会のモデルになるような学校にしたいんです。それを知りたいならば、自由学園に見に行ったらいいと言われるような学校に」

センス・オブ・ワンダー

自由学園の魅力といえば、卒業生の誰もが目を輝かせて語り始めるのが、美術工芸展、音楽

初等部2年生は、学校から歩いて20分ほどの落合川で川の生き物の勉強をする。

会、体操会、学業報告会*といった行事だ。半年以上かけて準備をし、リーダーの生徒たちが、教師と相談しながら企画も運営も手がける。その学業報告会を観ることができた。

初等部から高3までさまざまなグループに分かれ、自分たちで調べたこと、体験したことを発表する。テーマはいたって自由だ。おいしく食べて残飯を減らそう！　と訴えた女子たちは、年間の学園の残飯が約1・7トンになること、学園生が最も空腹を感じる時間を調べ、余ったご飯をおやつにするという提案をした。実際、自分たちで作って振る舞った感想も添えた、傑作な発表だった。また、反原発デモに参加してみた体当たり社会活動の報告もあれば、手作りのプロモーション・ビデオを作成し、作曲に挑戦した子たちもいた。消費社会を憂うみずみずしい歌詞が印象的だった。とてもここには書き切れないが、どのグループの発表も、生徒たちの悩んだり、笑ったりする横顔を覗くような楽しさがあった。

さて、その中で強く心惹かれたのが、女子部の中2の生徒たちによる「私たちの星　地球」という発表だった。神奈川県三浦海岸への宿泊学習での観察をもとに、地球と生物の進化の歴史を紐解いていく。ヒトデ、ナマコ、ウミウシ、カニ、ウニといった生物の絵を大きな系統樹に落としながら、生物がいかに季節や潮の満ち引きに影響を受けるのかを説く。やがて磯の観察という身近な世界から、地球の歴史という気の遠くなるような時間軸へと導かれる。その素朴な玉手箱のような世界は、観る者をわくわくさせ、命の不思議というものへの根源的な思いを呼び覚ましてくれた。

生物の絵がとてもいきいきとしていたと言うと、「スケッチの上手な生徒だけが描いたのではなくて、その子がみんなをうまく巻き込んでいったの」と、これを指導した女子部教諭で理科

*【学業報告会】女子部、男子部で隔年行われている学習研究発表会。さまざまなテーマを設定し、個人またはグループで研究、発表する。ステージでの発表とポスター展示がある。

女子部学業報告会、中2生物の発表「私たちの星 地球」より。

が専門の梶野ルミ子さんが教えてくれた。

「自由学園の教育の根底には、本物を伝えたいという想いがある。研究者の脳の中にある世界を生徒たちに見せてあげたい、とでもいうのでしょうか。たとえば、自然の中の普遍性などを見出していく力、そのヒントは難しい科学雑誌の中だけにあるのではなく、身近なところにある。そして、その力を人々に還元していく。そういう学問のあり方を目指していた。だから、私も機関銃のように教科書を教えるようなことはしたくないのです」

梶野さんは卒業生ではない。早稲田大学の研究室に在籍していた時代、恩師で動物生理学の研究者、石居進*さんが初等部と女子部で教えていたのが縁で、ここで教えるようになった。先人たちからは、カエルの解剖だけはやめないでくださいと申し送りされた。そこで梶野さんの理科は、実験が中心。中1では樹木を教える。花の役割は何で、木はいかに成長するのか。ヒメシャラやハンカチノキなど自分の木を決めて1年間観察する。中2では地球上の動物とその進化、中3では生命を支えるしくみを豚の心臓や眼球の解剖を通じて学ぶ。

「解剖でカエルは苦手で見ることもできないという生徒もいる。でも、強制はしません。プレパラートで各組織の観察をすることでも深い学びはできるはずです」

そんなある日、中3の女子部の生徒たちが豚の心臓を解剖する授業に立ち会った。心臓の形を整えながら、マチ針に名称を付けたものを置き、部位の確認をしていく。それから静脈と動脈に、それぞれ青と赤のビニール紐を通し、血液の流れを再現する。各自でスケッチを始める頃には、ざわざわ私語が多かった生徒たちも静かに集中している。最後に豚の肺が現れた。肺は白っぽいと思いこんでいたが、赤い臓器だ。ところが、勇気のある生徒が手を挙げ、思いっ

三浦海岸での磯の勉強。

【石居進】
1932～
東京大学理学部生物学科を卒業。同大学院を経て早稲田大学教育学部理学科教授に。早稲田大学名誉教授。自由学園初等部、女子部中等科で25年間生物を教えていた。

きり息を吹き込むと、肺は倍に膨らんで白くなった。もし、自分の中学時代にこんな授業を受けていたら、医師や研究者を目指すこともあっただろうか、とふと思う。

「教育で大切なのは、発想です。センス・オブ・ワンダー、幼児生活団から自然と出会うことをとにかく大事にする。それがやがて、自然から学ぶことへと変わっていく。大人ができることは、どれだけの出会いを作ってあげられるかだけです」

生物とは何か？　梶野さんに改めて尋ねた。

「生命現象は、自己増殖、エネルギーを創ること、それを貫くものは情報をどう伝えていくかに尽きる気がする。細胞と細胞、組織同士、器官からなる個体、個体と個体、そして世代や時代を超えて伝わることもすべて、情報をどう伝えていくかです。それが生物を長年、夢中になって教えてきた自分の中での答えです」

データサイエンスから生物多様性の変化を読み解く

「男子部の頃に、理科の吉良幸世先生から大きな影響を受けた」というのは、現在、イギリスの大学で統計学を教える島津秀康さん（41歳）だ。データサイエンスと生物多様性の分野で活躍する研究者でもある。

「吉良先生は飛ぶものが好きで、鳥の観察もその延長だった。カエデの翼果が、螺旋を描いて落下する。そのメカニズムを解明するのに先生は折り紙にし、絵にする。そうすることで、よく観る。違いを理解できる。中1の頃、そこで僕もカエデの折り紙を考えて、翼と種子の重さを変えながら、どの組み合わせで滞空時間が長くなるか、なんて遊び実験をしてみたんです。先生は一緒に不思議がって、こうした方がいいとか、考えて聞いてくれる先生でした」

島津さんは、最高学部での卒論で、バードセンサスのデータを素材にした。

「よく統計学は数学的だと思われるのですが、実は演繹《えんえき》的に答えを引き出すのではない。演繹と帰納の交差点で、データとその対象をよく観て、問いに対する答えをつかみ取っていく学問なのです。吉良先生が男子部生と学園の野鳥の数を40年間毎月調べた蓄積があった。当時、図書館やインターネットで調べても、これほど長期のデータはなかった。価値あるデータから何が見えてくるだろうと。わかったのは、鳥の種数は変わっていないということ。ただ、種の入れ替わりがあったんです」

島津さんは慶應義塾大学大学院に進学し、学位取得後は、オーストラリア政府で近海に棲息する生物の分布を調査・推定する一大プロジェクトに従事した。堆積学、海洋学、生物学、統計学などさまざまな分野の専門家が集まる刺激に満ちた共同プロジェクトだった。その後、生物多様性の研究で知られるスコットランドのセント・アンドリュース大学で、データ解析とモデリングに携わる。

「それまで生物多様性についてのデータは、研究者や機関がそれぞれに所有していて、散在した状態だった。世界中100カ所くらいのデータを一堂に集めて、データベースを作りデータを解析するプロジェクトでした」

2014年『サイエンス』*誌に発表されたその結果は、大きな反響を呼んだ。多くの専門家

畑で育てた花を水揚げする最高学部農芸グループ。

【サイエンス】
アメリカで1880年に創刊された週刊誌で、世界で最も権威ある学術雑誌。

の予想に反し、種数は変わっていないというものだった。だが、種の入れ替わりは起きていた。

「最高学部での卒論と同じような結果だったんです」

島津さんは現在、イングランドのラフバラ大学に移り、研究を続けるかたわら、データ解析を学生たちに教えている。海外を活躍の拠点としているのは、偶然で、データを通して不思議に対する答えを追い求めるうち、くしくも経験主義を重んじる英国で生活をすることになったのだという。

島津さんが、自由学園の一番のおもしろさは実学だと言う。

「実学とは、物事の役に立つ学問の意味ではなく、生活経験から学ぶスタイル。寮生活でうまくいかないことは多い。どうしてかと考え、解決策をたてる。周りの人の協力が不可欠であれば、策を皆で共有する枠組みも作らなくてはいけない。何でも学ぶ材料になるのです」

自由学園では年度末に数週間、1年間で学んだことを各自が冊子に書きまとめる。

「この『まとめ』期間が好きでした。高2のとき、樹木調査*で男子部内の樹木を調べて図鑑を作った。それぞれ幹や葉が違えば生活史も違う。ところが葉序にはある共通性があった。フィボナッチ数列です。すると今度は数列の一般項を計算してみる。教科では生物と数学の間を行き来しながら、自分なりにまとめるんです」

教師たちからは、発展勉強をしなさいとよく言われたそうだ。

「科目は勉強をしやすくする一つの枠組みに過ぎない。実学スタイルでは科目の垣根を越えて自分の枠組みを作る。異なる枠組みどうしの比較から理解が始まる。これは今やっているデータ解析の本質そのものでもあるのです」

【樹木調査】
1956年から10年ごとに、学園敷地内の樹木の個体数調査を行っている。

3/6

【自由学園と私】

動的な共同体

生物学者
福岡伸一
Fukuoka Shin-Ichi
1959年生まれ。
ハーバード大学医学部フェロー、
京都大学助教授などを経て
青山学院大学教授。
専門の生物にとどまらず
モノ、本、食べもの、
フェルメールなどへの探究心、
好奇心、造詣は深い。
『生物と無生物のあいだ』
（講談社現代新書）
『動的平衡』（木楽舎）
『わたしのすきなもの』
（婦人之友社）など著書多数。

中谷芙二子さんとお話しする機会があった。霧の彫刻家として知られる世界的な芸術家である。細い金属パイプを張り巡らせ、高圧の水を送る。パイプには等間隔に特殊な噴霧ノズルが取り付けてあり、そこから霧が発生する。ノズルの開閉はコンピュータで制御でき、その日の気温、湿度、風向きなどによって、中谷さんは霧の発生を自在に操る。立ち上った霧は不定形にゆらぎながら、たちまち空気の中に消えていく。つまり霧は二度と同じ姿を見せない、その場に残ることのない彫刻なのだ。

私はノルウェーのオスロにある美術館の屋上で、中谷さんによる霧の芸術と、坂本龍一の音楽、高谷史郎の光の演出、そして田中泯による舞踊というすばらしいイベントを見る機会があった。本当に一回限りの舞台。美術館は建設途上にあったが、時空が歪んで、古代の廃墟の中で、ギリシャ神話の劇が繰り広げられているような錯覚に陥った。

その中谷さんのお父上は、氷と雪の研究で有名な中谷宇吉郎である。寺田寅彦の系譜を受け継ぐ洒脱な科学エッセイストとしても名を残した。

その宇吉郎が、戦前、霜柱の研究に取り組んだ若者たちのことを書いていると教えていただいた。興味を持って調べてみると、それはなんと自由学園の女子生徒たちのことだった。霜柱は地中の水分が凍って土を持ち上げたもの。昔は寒い朝になると、道端のあちこちの地面が持ち上がり、霜柱ができていた。運動靴で踏んでいく。するとウエハースを噛むようにサクサクと気持ちのよい音がする。

しかし、女子生徒たちは考えた。土の中の水が凍るだけなら、土が硬くなるだけのはずだ。土を持ち上げるほどの氷の柱を形成するにはもっとたくさんの水がいる。水はいったいどこからやってくるのだろう？ 彼女たちは、凍てつく夜、寝ずの番をして校庭の霜柱に目印をつけたり、ブリキ缶を埋めたりして実験を重ね、ついに、水が毛管現象で地中深くから吸い上げられて霜柱を形成していることを突き止めた。宇吉郎はこんなふうに書いている。「この研究にとりかかられた娘さんたちの勇気には、大いに敬服した」「無邪気なそして純粋な興味が尊いのであって、良い科学的の研究をするにはそのような気持が一番大切なのである」。昭和初期、こんな自由闊達な時代があったのだ。この研究は復刻されて今も読むことができる（注1）。

こんな伝統は現代にも受け継がれている。地図を見ると、現在の自由学園は東久留米の豊かな水源地の麓に位置していて、西側の湧水地に端を発した流れは、立野川という小川になって学園内を横断し、西武池袋線の側に流れ出している。校内を自然河川が通り抜けていること自体がうらやましすぎる環境だが、この川の自然観察と環境保全を、生徒たちによる「川管理」という名の自主グループが行っているという。流量や流速、水質などを定期的に測定し、また生息する生物を調査する。その活動成果を地域の環境フェスティバルで報告もしている。私が見せてもらった資料には、校内の水場でヌマエビを捕獲し、それが在来種か外来種かを判定した。その結果、図書館前の池、西の池、東の池（それがどのような風景かはわからないが、そこをめぐる姿を想像するだけで、生き物好きの私はわくわくした気分になる）で見つかったヌマエビはいずれも在来種であり、少なくとも自由学園内の水系は外来種の侵入はないようだった。こんな素晴らしい環境で、若者たちが寝食を共にして学べるということは、ほんとうにすてきなことだ。

実は、私自身もそんな学園生活がありえたかもしれないと今になって思うことがある。というのも、もう亡くなって15年以上になるが、私の母は熱心な『婦人之友』読者で、友の会会員でもあったからだ。家の本棚には平福百穂の美しい絵が描かれた羽仁もと子全集が並んでいたし、絶えず「よくみる、よくきく、よくする」とか「先手仕事」などの言葉を口にしていた。材料を選んだ手料理を心がけ、毎日、家計簿をつけていた。一度、「なんでそんなに必死に一円単位まで計算してるの?」とあきれて聞いたことがあったが、母はピシャリと言った。「記録が大事なのではなく、予算生活が大事なのよ」と。そんな謹厳な母を、子ども心になんとなく疎ましく思う反面、知らず知らずに生活を律することを学ばされたともいえる。しかし母は、私に自由学園を薦めたことは一度もなかった。きっと、私がことさら内向的な性格で、友だちといえば人間ではなく虫で、本を読んだり空想ばかりしている孤独好きの少年だったからだろう。

そのかわり私より社交的で、スポーツ好きで友だちも多かった弟が自由学園に進んだ。入学試験では、ダンボール紙が与えられ、坂道を転がして遠くまで達する工作物を作れ、との課題が出された。弟たちのチームの作品は、おもしろいように一番遠くまで転がっていったそうだ。「だから合格したんだ」と弟は自慢していた。母もとても喜んでいた。

その弟は、研究の道に進んだ私とは全く異なる仕事をしているが、いまだに自由学園の仲間と固い絆で結ばれている。これもうらやましいところだ。ほんとうに友だちとは、光の輪郭がくっきりと見え、五感が研ぎ澄まされた一瞬を共有した者たちだけが、呼びあえる呼称だと思う。

学校とは、ある意味で霧のように絶えず形を変え、また別の意味では川の流れのように止まることのない動的な共同体である。でもそこにはずっと受け継がれてきた濃密なものがある。それは極寒の空気の中で感じた仲間の吐息であっただろうし、夏の木陰を流れる冷たい水の感触でもあっただろう。新しく参加したものは、その環境を受容して変化しつつ、新しいものを迎える側もまた、流れに反応して形を変える。それこそが利他的で、相補的な共生の本質であり、生命の営みの最も基本的な原則であるといえる。この原則に則って、自由学園の100年が経過した。心から祝意を捧げるとともに、さらなる発展を期待したい。

(注1)『霜柱の研究 布の保湿の研究』(自由学園出版局刊)昭和9〜10年、自由学園女子部の生徒たちが取り組んだ自由研究の貴重な記録。

第5章

描くものは　生活の中に

種イモを植え、育て、
畑から掘り出してきた
ばかりのサトイモを
モチーフにして
墨でいきいきと描いた
初等部4年生の作品。

放課後の校舎の片隅で、高等科2年生がギターを弾き
中等科1年生がこれを聞いていた。

上／男子部では
教室の外に器具を
持ち出し、グループで
話し合いながら
実験の最中だった。
生活と感性が重なり合い
実学が進んでいく。
下／裁縫の授業では、
エプロンなどの簡単な
ものから始まり、
スカートやブラウス、
パジャマやコートまで
自分で作る。

自由な表現を広げて

幼児生活団幼稚園の机に並んだ打楽器。
たくさんの楽器や音にふれながら、
子どもたちは自分の音を見つける。

新しい自分と出会う時間

美術の時間、三原色を使って風景画を描く
中等科3年生。色彩に制約を設けることで、
さまざまな発見が生まれる。

トライアングルを持って合奏をする
幼児生活団幼稚園の5歳の子どもたち。
木琴、鉄琴、木魚なども使われる。

驚異や歓びは、身近な生活の中にこそある。世界を見つめる新たな視点を求めながら、また他者の音に耳をすましながら、感性や表現力を磨いていく。美術や音楽、体操の教育は、他者と共に社会を輝かせながら、幸福に生きる技なのだ。

美術を通じて自分の言葉を持てる人に

廊下や教室に貼られた子どもたちの絵や立体作品は、その学校のあり方を饒舌に物語る。たとえば、幼児生活団の棚に置かれた紙粘土の恐竜やきりんの力強さ。初等部の食堂に生気を与えている、何ともユーモラスな2年生の合作、魚釣りをする人々……。

「初等部の生活の豊かさをなんとか一枚の絵で、それも子どもの目線で表現できないものか」、そう考えた初等部部長の佐藤有子さん（64歳）は、あるとき、当時6年生だった田辺朔葉さんに一枚の絵を描いてもらった。すると、その四季が描き込まれた校庭のあちらこちらで遊ぶ子どもたちは、自分と妹をはじめ、すべて実在の友人たちで、掃除の仕方を教えてくれた上級生の姿まで描かれていた。深く感動した佐藤さんは、その絵を今も食堂に飾っている。（20ページ参照）

美術室に案内されると、美術教諭の山下美記さん（64歳）が、次から次に子どもたちの作品を引っ張り出して見せてくれた。圧倒されたのは、2年生の樹木の合作だ。小さな子どもたちが見上げた樹木の迫力は、世界が輝きに満ちていた幼い頃の記憶を蘇らせてくれた。

「この学校は昔から合作を大事にしてきたのです。それぞれのよさがあり、個性がある。それが

初等部では毎月のお誕生日会のために、食堂の壁面装飾を、各学年交代で合作する。

一緒になったとき、まったく違った新しい世界が出現する」と山下さんが言う。

色画用紙に白い絵の具で描かれた昆虫の描写も、どれも見事だった。

「生徒たちは、昆虫や草花は得意なんです。スケッチの授業のときには、みんなモデルを一人1匹、一人1本、校庭や畑からとってきて、描きます。昆虫なんて、普段から遊んでいるから居場所を知っているんですね。15分もあれば、捕まえてきますよ」

東京の学校にいることを、つい忘れてしまうような話だった。

キャンパスの一角には、「生活創作館」という3階建ての建物があり、ここが美術や裁縫、染織を中心とした創作活動の場である。それに最新の加工機械が揃った木工教室*もある。中等科と高等科の生徒たちに美術を教える教員は、全部で7人もいる。立体、絵画、日本画、デザイン、織物、工芸それぞれの専門家たちに教わることができる。

女子部で美術を担当する金井知子さん（39歳）も、その一人である。

「創立当時、自由学園の美術教育を率いた人は、児童画教育の改革者として知られる山本鼎《かなえ》*です。版画の世界を、それまでの職人からアーティストに変えた創作版画の人でもあった。明日館に隣接する自由学園生活工芸研究所*も、ドイツのバウハウス*の影響を受けたイッテン・シューレ*で学んだ卒業生が作ったものです。

創立当初から、歴代、作家活動をしている人たちが美術を指導してきた。私が通った頃も、滝沢具幸*という日本画家の先生がいた。よく覚えているのは、初等部1年生のときのこと。ある子が描いた『先生の顔』という作品が、どう見ても顔には見えなかった。それを先生が、よく描いてあるねとポジティブに講評されたのが子どもながらに衝撃的でした」

初等部2年生の樹木の作品。

【木工教室】
2015年、木を通した学びの充実のために竣工。本格的な電動工作機械がそろう。

【山本鼎】
1882〜1946
版画家、洋画家、教育者。自由学園の創立当初から1942年まで美術指導にあたる。

それ以来、こと美術に関しては、価値観は多様で、答えは一つではないということを理解できた。十代の頃には、生涯追求し続ける価値のあるものは美術だと思うに至る。そこで日本大学藝術学部の油絵科に進学し、27歳で修士課程を終えると学園に舞い戻った。

「そのユートピア感が新鮮だった。一度離れてみて、いかに自由学園が面白いかよくわかった」

金井さんは、学園から離れて学んでいたとき、羽仁もと子の「詩と田」という文章を改めて読み、救われる思いがした。

> 田を作らない人間に決して詩は出来るものでないことを、
> そしてまたそれと同時に、詩を生むためでなければ人間に田を作る必要は決してないということを、何かにつけて強く感ずるようになった。
> なおいま一つの発見は、田を作るのと詩をつくるのは別々の仕事でなく、
> 実に自然なつながりの中に共にあることを度々鮮やかに感得して、
> 嬉しくありがたい心地がした。
>
> （「詩と田」羽仁もと子著作集第20巻『自由・協力・愛』より）

「この文章で田というのは、生活の現実的な営みでもあり、詩は芸術や哲学、遊びといったものでもあると思うんです。つまり、美術は生きるための大切な人間教育だと言っているような気がして励まされたんです。具体的には、自分でゴールを決めるということ。こういうものを作りたい、そのためにどうやってそこへ持っていくのか。大切なことは、作り出す過程において試行錯誤して、自分で考えることだと思っています」

【生活工芸研究所】
1932年、イッテン・シューレで染織を学んだ自由学園の卒業生によって創立。日々の暮らしを豊かにするモノづくりを続ける。

【バウハウス】
1919年ドイツのワイマールに設立、革新的教育を行った美術学校。ナチスの弾圧でわずか14年で閉校になったが、今もデザインの多くに影響を与える。

【イッテン・シューレ】
スイスの芸術家、理論家ヨハネス・イッテンが、1926年に設立した芸術学校。34年まで存続。

【滝沢具幸】
1941～
日本画家。1974年から2018年まで自由学園で美術指導にあたる。

世界を新しい視点で視る技術

2020年、新型コロナの流行で、4年に一度の美術工芸展が開けなかった。そんな生徒たちのために、金井さんや酒井恒太さん（35歳）は、岡﨑乾二郎さん*のオンラインによる特別講義を企画した。造形作家、批評家として活躍する岡﨑さんは、学園の草創期の教育を高く評していた。講義は、金井さんにとっても特別だった。美大の学生時代、なぜ美術をするのかという根源的な問いに悩んで岡﨑さんの著作と出会った。考えるための道しるべであることは、今も変わりがない。

3回のワークショップを通じて、岡﨑さんが、生徒たちに伝えようとしたのは、世界を新しい視点で捉えることを学び、美術とはなにかを問う試みだった。たとえば、中等科の生徒たちに出されたのは、古本屋で買った画集に絵を描くという大胆でユニークな課題だ。楽しく、自由な発想に満ちた生徒たちの作品を、岡﨑さんはこう評した。

「古本屋の店頭で売られている画集は、スケッチブックより安い。売れなければ、裁断されて捨てられる。その画集を、みんなが絵を描くことでもっと魅力的にしよう、絵の中に隠された魅力を引き出そうという課題でした。そうしたら、想像を超えてすばらしいものができた」

マネの静物画を選んだ生徒は、手前に描かれたカーネーションの赤に呼応するような鮮やかな緑の粒々を描き込むことで、そこにまったく新しい魅力を引き出し、現代の作家でもできな

【岡﨑乾二郎】
1955〜
造形作家、批評家。数々の国際展に出品するほか、総合地域づくりプロジェクトの企画制作、ランドスケープデザインなど、先鋭的な芸術活動を展開。平成30年度芸術選奨文部科学大臣賞受賞。

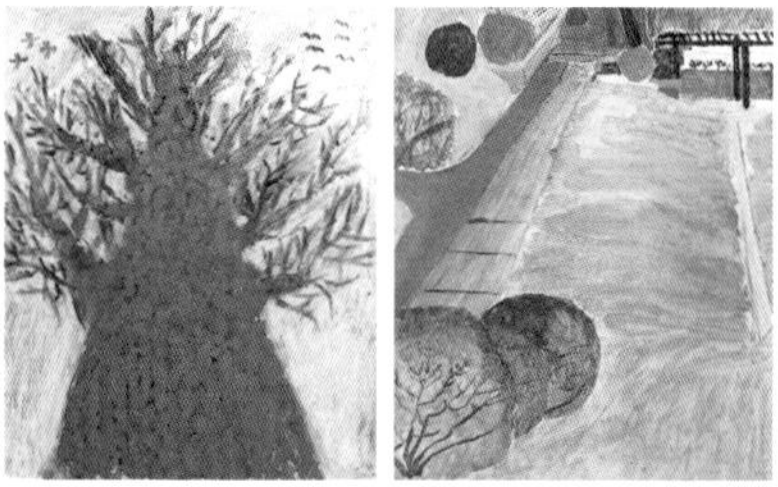

校内の好きな場所を三原色で描いた、女子部中等科1年の作品。

いような高度な技と絶賛された。岡崎さんが続ける。

「芸術の創造性というと、人が持たない発想が大事だという。けれど、今回の試みはゼロからではなく、すでにあるものから引き出した。視点を変えて、世界を違った眼で見る」

　限られた情報から、いろんなものを引き出すことは、芸術の一つの隠された技で、自然科学ならば、発見する技術のようなもの。むしろ制限のあった方が新しい発想は湧いてくると、コロナ禍で窮屈な暮らしを強いられた生徒たちを励まし、こんな言葉を残した。

「一個一個のものをじっと、ためつすがめつ眺めて、大事にする。それさえあれば、どんなところでも生きていける。どんな場所でも何かを作れる。僕は、そう思って生きてきた。（中略）想像力とアイデアを組み合わせていけば、小さな情報から、いろんなことを引き出せる。それができる人が、今、必要な人。情報が溢れているというけれど、完全な情報はなく、間違った情報に僕らは振り回されている。その中で行動を決め、新しいことをやっていくってことはすごく難しい。だけど昨年、コロナでマスクが足りなかったとき、配られるのを待っていた人もいたけれど、自分で作ったらいいじゃんと思った人もいた。ほとんど自分でできることに気づく、自分で考えることが大事。そういう人を僕は自由学園に期待したい」

　授業を終えて金井さんは言う。

「世界を、自分の視点で読み解けるようになるために、観察する術を獲得する、そして組み替えて、自分の外に出す。美術が目指すその練習は、生きる態度そのものにつながる学びであることを、改めて確かめることができました」

　例年、中等科3年の授業で、油絵の制作に取り組んでいる。一般には水彩で色彩を教えるこ

最高学部の美術の授業風景。

とが多いが、それではやり直すことが難しい。油絵はいくらでも重ねて描けるからだ。

自分の好きな風景を描くという課題。キャンバスを手に生徒たちは、大芝生、裏の畑、中庭の池、図書館の屋上と思い思いの場へ散らばっていく。それはまた、この恵まれた学校の中で、自分の視点を見つけるという、一つの修練でもあった。

美術は、自分にとって何が大切かを知るための時間

数年前からこの学校で、立体作品を教え始めた酒井さんは、筑波大学の芸術学部で博士号を取り、その後は世界をフィールドに活躍している彫刻家である。ボスニア・ヘルツェゴビナでは、２週間で３メートルのケヤキから彫り上げた女の子の頭部の作品が、今も現地の人たちに愛されている。

そんな酒井さんが、自由学園の男子部で美術を教え始めたとき、最初はショックを受けた。

「生徒たちにとって美術は遊びの時間だったのです。何よりショックだったのは、絵なんか描いて何の役に立つんですか？　と聞く子がいたことでした」

そこで最初に試みたのは、合作だった。それも北斎の有名な波の絵、「神奈川沖浪裏」*をダンボール板でパーツに分けて描く。原色は使わないことにした。すると、それぞれの生徒が作り出した青は、少しずつ違う。それが合わさり、モザイクのような不思議な魅力のある大作ができた。生徒たちも、こんな授業はしたことがなかったとおもしろがってくれた。

北斎の名作にインスピレーションを得た生徒たちの合作。

【神奈川沖浪裏】

葛飾北斎の富嶽三十六景の中の一作品。「グレート・ウエーブ」として世界的にも有名。

酒井さんには、公立の小学校に通っていた頃のトラウマがあった。水彩で風景を描く授業で、チューブからそのまま出して描いていると、教師から使い方も知らないのかとどやされた。

「表現ではなく、客観的なうまさ、たとえば早く描けるとか、似ているかという評価です。でも本当は、一人の人間として、自分がどうしたいのかを評価されることが大切です。教師の意図をくみ取るような美術教育では話にならないのです」

男子部の美術は、伝統的に木工を学んできた。しかし酒井さんは、あえて美術とは何かというところに引き戻すことを目標としている。女子部の金井先生たちとも話し合い、男子部も絵画、工芸、デザインなど6つのコースから選べるかたちに変えた。相性がよい先生もいれば、そうではない先生もいるから、6年の間にいろいろなタイプの先生と出会ってほしいという。

「美術って感覚的なものだけではできない。左脳と右脳の両方が必要で、身体性も伴う。学びのねらいは、上手であるとか似ているという技術的なことではなく、考え方や捉え方を深めること。美術は、自分と同時に他者の価値観を理解し、尊重する心を育む時間でもあるのです」

人生はアンサンブル、人との関係の中でかたちを変えていく

正門の目の前にある幼児生活団幼稚園の入り口で、毎朝、園児と保護者たちの出迎えを欠かさないのは、園長でピアニストの村山順吉さん（67歳）だ。自由学園の理事長でもある。

あるとき、子どもたちが、自分たちで考えた創作体操を披露する体操会があるというので出

かけた。入り口で出会ったお母さんの一人が、自分の娘は、どの幼稚園でも合わなくて泣いてばかりだったが、ここに来てお友だちもできたと教えてくれた。

体操会では、村山さん自らがピアノを演奏していた。その曲も、わざわざ子どもたちの創作体操のために作曲したのだという。保護者たちの前で、照れながらも楽しそうに身体を動かす子どもたちもかわいかったが、どうしても輪に入れず、壁に隠れている男の子がいた。一人の先生がずっとその子に寄り添っていた。会が終わり、子どもたちに初等部1年生手作りのメダルが配られた。すると不安げだったその少年も、受け取って、やっと小さな笑みを浮かべた。

幼児生活団は、もともと週に一度だけ通う場だったが、共働き家庭の多い現代にはそぐわないと、2007年からは週5日のいわゆる幼稚園に生まれ変わった。そんな村山さんも、かつては幼児生活団に通った卒業生だ。

「僕は生まれてきたとき、右耳に奇形があって、右側の聴力がなかったんです」

初等部に通いながら、二度の耳の手術を受けた。ピアノを2歳から習っていたので、高2のとき、ピアノ科に進む決意をし、寮生活の中、真夜中に猛練習し、国立音楽大学にみごと合格。東京学芸大学の大学院で音楽教育学を学び、伝統あるミッション系の聖学院大学で37年間教え、付属幼稚園長、小学校の校長もした。

2017年、村山さんが、母校の要請を受けて理事長に就任したとき、同時に幼児生活団の園長にも就いたのは、言語を覚える前の子どもたちの教育に明確な信念を抱いていたからだ。村山さんになぜ毎朝、門で子どもたちを迎えるのかと聞くと、「子どもたちは毎朝、その日のメッセージを神様から受けてやってくると信じているからだ」と答えが返ってきた。

2014年に東京芸術劇場で行われた自由学園第30回音楽会。

「かならず、その子だけに与えられたちから《・・・》がある。大人の想像を超える何かを、すべての子どもが持っている。それを守り、どうすれば伸ばせるかを考えるのが教育です」

自由学園では、今でもメサイヤを英語で合唱したり、幼児生活団の子どもたちも楽譜が読めるようになったり、かなり先鋭的な音楽教育が定着しているという。

かつて、これを指揮したのは、サイトウ・キネン・オーケストラで有名な齋藤秀雄で、その弟子には世界的指揮者の小澤征爾や数々の映画やドラマの音楽を手掛けた山本直純といった人たちがいる。三善晃*や、坂本龍一（124ページ参照）、川嶋仁*といった著名人も、皆、幼児生活団の卒業生である。

村山さんが改めて大切にしたいと考えているのは相対音感の世界、ハーモニーなのだという。

「音を響きとしてとらえる感性です。たとえば、5歳の子どもたちに、楽器も何もないところで音楽をやろうと考えて、朝、昼、夜のグループに分けた。昼のグループは、野菜を切る音、とんとんとん、と言うと子どもたちは、違うよ、まず水で洗ってザー、キュッキュと言い返す。卵を割ってコンコンパッ。これを手拍子でリズムにしてつなぐ。今度は楽器で演奏してみようと、そんな話を保護者にしたら、ある方が『それでわかりました』と言う。子どもがある晩、カーテンを開けて『夜を見せて』と言い出した。あの子は夜の音を探していたのですね、と。

人生は、アンサンブルです。自分がこれだと思ったものが、人との関係の中で、どんどんかたちを変えていく。友だちの出した音に、自分が応える。人との密接なつながりが生まれていく。人の役にも立ち、人も自分との関係の中でいきいきとしていく。それが生きることです」

幼い子たちに向き合うことで教わっているのは、自分たちなのだという。

【三善晃】
1933〜2013
作曲家。東京大学文学部、パリ国立高等音楽院などで学ぶ。音楽賞の受賞多数。自らのピアノコンクールを開催するほか、国際審査員もつとめた。

【川嶋仁】
ピアニスト。東京藝術大学ピアノ科、ショパンアカデミー大学院修士課程などで学ぶ。

直感力で世の中をよい方向へ

ジャズミュージシャンの羽仁知治さん（92ページ）は、ピアノのソロ・コンサートから、加藤登紀子*や田中健*とのコラボレーション、また、ふと口ずさむ有名なCMソングなども多数手がけている。その父、羽仁淳*さんは、自由学園の体操教育をかたち作った人だ。

「父が音楽好きだったので、家にはクラシックのレコードがたくさんあった。幼児生活団でも3歳からソルフェージュを習った。でも、高等科を卒業し、音楽をやりたいと言うと、周囲の大人は何を言っているんだという反応でした」

それでも、大学生のサークルに紛れ込んだりして演奏しているうちに、ある人にアルバムを出さないかと声をかけてもらったのが、デビューのきっかけとなった。

そんな羽仁さんはしかし、学園時代、大人の手に負えない子どもだったと告白する。

「音楽の授業では、好き勝手なことばかりしていました。僕としては、もっと一生楽しめるものとして子どもに音楽を伝えてほしいなと。ただ、自由学園はイベントがすごいんですよ。音楽会、体操会、美術工芸展、学業報告会。どれも長い時間準備して、それも企画から生徒たちでやる。知らず知らずのうちに運営や企画の訓練を受けていた。段取りを見わたせて、その場の流れですぐ動ける。音楽の仕事をしてきて、何でそんなことすぐできるの？　とよく言われる」

それから羽仁さんは、こんな話をしてくれた。

【加藤登紀子】
1943〜
シンガーソングライター。

【田中健】
1951〜
俳優、タレント、ケーナ奏者。

【羽仁淳】
1927〜2016
自由学園卒業後、オレロップ体育アカデミーに留学。その後、長く自由学園の教員をつとめた。

「今、思っているのは、自分の音楽活動を通じて、世の中をよくすることができないか、ということ。人間の直感ってすごく大切で、風や空気を感じて雨が降るなとわかる。他の人が気づいていない問題を見つけるためにも直感力が必要です。分析する力の上に、僕らがもともと持っている直感力を覚醒させることで、人類はよい道を選択できるのではないかと思うのです。

アップル社なんて、その代表だと思う。人間の持つ本能や美意識に訴える製品を提供している。マサチューセッツ工科大学*の音楽学科では、約60年前から理系のエリートが音楽を学ぶことで、問題解決への直感力を強化する革新的な教育をしています。

今のように先の予測できない世の中の変化に対応していくには、これまでの分析的な考え方にプラスして、直感力がカギになる。ジャズには即興演奏があるけれど、音楽の体系的な要素と直感が織り混ざったとても刺激的な音楽です。よい世の中をつくる人間を育てる、という自由学園の目指す教育を考えたとき、その人の一生が豊かになるために使えるツールとして、音楽を会得するようにもっともっと深化させてほしいですね」

競うのでなく、認め合う美しい体操

自由学園は、体操教育にとても力を入れている。デンマークにあるオレロップ体育アカデミー*(旧デンマーク・オレロップ国民高等体操学校)とは、戦前からの長いつき合いで、これまでに教師や学生60人あまりが留学し、2003年からは2人の卒業生がティーチング・アシス

【マサチューセッツ工科大学音楽学科】
全米屈指の名門校マサチューセッツ工科大学は、科学・テクノロジーなどを重視しているが、芸術科目にも力を入れる。中でも音楽科目は人気が高く4割の学生が履修する。

【オレロップ体育アカデミー】
↓72ページ参照

タントとして3カ月間滞在するという。それにしても、なぜデンマークの学校なのか。自由学園で40年以上、体操教育を支えてきた84歳になる菊池昭一郎さんは言う。

「創立期の自由学園は、世界中から本物を取り込もうという気概にあふれていたのです」

　1931年、玉川大学の招きによって、オレロップ国民高等学校の創立者で、デンマーク体操の指導者でもあるニルス・ブックが、学生たちと共に来日。このとき、ニルス・ブックたちは、当時池袋にあった自由学園を訪れ、校庭で体操を披露している。

　翌年、羽仁もと子は、世界新教育会議で講演をするためにフランスのニースに出かけ、その帰途、デンマークのオレロップに立ち寄った。そして帰国後、若い女子部の卒業生の2人にオレロップに行ってらっしゃいと声をかけたという。2校の本格的な交流が、そこから始まった。

「羽仁吉一は、著書『雑司ヶ谷短信』の中で、緑に囲まれた田舎にあるオレロップのことを、羨ましき教育風景と書いています。その甥、羽仁淳さんも2年間留学されて、あちらのチームで活躍された。1955年に戻られて、僕も高3の頃、直接教わりました。淳先生が帰国すると、体操の授業がそれまでとはガラッと変わった。厳しさがまったく違う。普通の体操のように、次の動作のために休む暇がない。ハードなんです」

　その後、菊池さんもまた、オレロップに留学した。日本人は器用な上、長身の菊池さんは、北欧の学生たちの間でも見劣りしなかった。それに留学したのが東京オリンピックの翌年だったことで、「デンマークでできないオリンピックを日本でよくやった」と一目置かれるほどだったという。留学時代の親友たちとは、その後もずっと交流がある。

　帰国すると、菊池さんは音楽をつけた、子どもが楽しめる体操を教育の中に取り込んでいく。

体操会。オレロップ体育アカデミーエリートチームと初等部1、2、3年生による演技。

「デンマーク体操は、単に体を鍛えるだけではない。器用さ、強靭性、柔軟性を身につけることができて、成長期には特に効果的です」

自由学園では、4年に一度開催される『世界体操祭』に、これまで二度、有志が参加した。最高学部4年の村山桜さん（21歳）は、２０１９年のオーストリアでの大会に出場した。ダンスが得意な彼女が中心になって、皆で体操の振り付けを考えた。

「あの年は半年ずっと練習しました。この学校は、とにかく共同してやることが多い。何か問題が起きても、犯人探しではなく、どうしてそうなったのかの理由を共有していく。クラスでも懇談の時間を大事にするし、寮でも友だちとよく話す。そうして過ごすうちに、一生の友だちができることが、学園の最大の魅力です」

村山さんが入学を決めた理由も、芝生でのびのびと繰り広げられる体操会の見学だった。

「自由学園の体操会は、普通の学校の体育祭のように競うことをしないんです」

体操には、どこか規律を叩き込み、型にはめるような印象を抱いてきたが、自由学園ではむしろその逆だと言うのは、最高学部で身体教育に携わる早野曜子さんだ。

早野さんは、生徒18人を引率して、『世界体操祭』に参加した。そして、その国際大会もいわゆる競い合う会ではないのだという。

「モットーは、自分の色を見せよう、なのです。たとえばベルギーは技巧派で、アクロバティックな体操を見せる。でもちょっと飽きる。一方、オーストラリアのカンガルー島から来た6家族チームの体操は、うまくはないけれど、とても会場が沸いた。競争ではない。多様性というか、技巧や国籍にとらわれず、いろいろなものを認め合う体操なのです」

女子部高等科体操。

クラフトマンシップ、もの作りに宿る精神性

自由学園の感性教育は、その恵まれた環境や生活といったものすべてに反映されている。また、裁縫の授業のレベルも高い。そんな教育をバネにして、新たな分野で活躍しているのが、2017年、30歳のときに自らのブランド「アヤーム」*を設立したファッション・デザイナーの竹島綾さんだ。6年間の留学生活を終えて、イギリスから帰国した翌年のことだった。

最高学部卒業後、服飾雑貨の輸入商社に新卒入社したものの、ただ消費されてゆくものを生み出して、効率よくお金を生み出すことしか見ていない世界に違和感を覚えたという。

「もっと生産者と購入者の心が通い、関わる人すべてが幸福感を感じられるもの。永く大切にしてもらえる真心のこもったもの作りがしたい。そして、できれば世界に通用するような創造性の高いものを目指したい」

そんな思いをかたちにするために、自らのブランドをつくる準備をしようと決意した。

「社会人になって、何かしたいと思い立ったときにすぐ動けるように貯金をしていました。10カ月で会社員をやめて、ファッションの世界三大校の一つ、ロンドンのセントラル・セントマーチン校に飛び込んだんです。そこから、世界が徐々に切り拓かれていきました」

最初は、アート&デザイン基礎コースを受講した。たまたま、ファッションを専攻する学生のショーを手伝う機会に恵まれ、自分がやりたかったことはこれだと、直感した。

【アヤーム】
職人の手仕事による素材や技術、独自のひねりを取り入れた「ニュークラフトマンシップ」を軸に、ファッションを展開。

竹島さんは一時帰国すると、学費を稼いで出直した。

「そのときには、初めて受験の壮絶なプレッシャーも味わいました」。無事合格し、ファッションのニットウエア科に通い始めると、そこで大きな出会いがあった。

先輩の紹介から面接を受けた際、クロエやボッテガ・ヴェネタでも働いた*クリステル・コシェールから、手伝ってほしいプロジェクトがあると声をかけられた。何も知らないまま、パリへ向かうと、それは、自社ブランド「コシェ」の立ち上げだった。この仕事で、クリステルに見込まれたことから、インターンとして、パリのシャネル傘下の「メゾン・ルマリエ」で働けることになる。このとき、竹島さんがデザインした刺繍パターンが、巨匠*カール・ラガーフェルドの目に留まり、そのオートクチュールのコレクションの服として実を結んだ。

その後帰国して、「アヤーム」を設立してからの3年間は、試行錯誤の連続だった。

「ビジネスは、服そのもののデザインだけではない。経営、戦略的プロモーション、ブランド・イメージの形成、投資、そんなすべてのクリエイションだったからです」

竹島さんが、「アヤーム」ブランドの軸に据えているテーマは、クラフトマンシップ。京都、福井、群馬など全国の産地に自ら足を運んで、職人と対話することを大切にしている。

「自由学園では、自分たちの手を動かして作ることを大事にする。そんな教育の環境にいたからこそ、もの作りを生業とする人たちと通じ合える部分が大きい。服一着を作るために携わるたくさんの方々と、真摯に向き合うことを重視しています。人と人との心のつながりを大切にしながら、目の前のものをみんなで一丸となって作り上げる。それは、自由学園で日常的にやってきたことでもあるのです」


【クリステル・コシェール】

1978〜

「メゾン・ルマリエ」のクリエイティブ・ディレクターを経て、2014年に「コシェ」を立ち上げた。

【カール・ラガーフェルド】
1933〜2019
ドイツ出身、「シャネル」や「フェンディ」など世界的ブランドのクリエイティブ・ディレクター。

4/6 【自由学園と私】

すべては生活団から始まった

Photo by zakkubalan ©2020 Kab Inc.

作曲家
坂本龍一
Sakamoto Ryuichi

1952年生まれ。3歳からピアノを、10歳から作曲を学ぶ。東京藝術大学大学院修士課程修了後、78年YMOを結成。同年、ソロデビュー。出演し音楽を手がけた映画『戦場のメリークリスマス』で英国アカデミー賞作曲賞を、『ラストエンペラー』でアカデミー賞作曲賞、ゴールデングローブ賞などを受賞。その他、受賞多数。

東京世田谷にある幼児生活団（東京友の会世田谷幼児生活団）を見つけてきたのは母でした。当時としてはリベラルな女性だったので、女性の活動もやっていましたし、普通の幼稚園には入れたくないということもあったのでしょう。僕はまだ子どもですから、将来音楽家になることもまったく想像していませんでしたが、父は文芸編集者で絵画、音楽、文学、映画などが好きでしたし、母本人が情操教育に熱心だったのだと思います。入ってみたら、自立心を養うという面も大きくて、むしろ親のほうが大変！　ケーキを焼いたり手製のおもちゃを作ったり、なんだかんだと母はよくやっていたと思います。

僕が幼児生活団で最初に思い出すのは、ガラス窓に絵を描いたこと。窓ガラスは割ってはいけない、傷つけてはいけないということが4、5歳の子どもの頭の中にもあって、それをするのはいたずらじゃないか、と困ってしまってね。やってみたらとても気持ちがよかった。いたずらはワクワクするものだし、大人だって楽しいに決まっている。その感覚を開放させてくれたのは、とてもいい経験でした。「こう描きなさい」という設定がないのがよかったですよね。顔なら肌色、髪は黒など、パターン認識を教え込ませるようなことも一切ない。今思えば、一人ひとりの子どもが持っている創造性を、豊かに広げていくスタンスだったのだと思います。

夏休みには、生活団で飼っている動物を各家庭で1週間ずつ飼育するという経験をしました。その後、秋になったら自分の世話した動物の歌を作ったことも印象深いです。僕にとって初めての、作曲ともいえない作曲ですね。歌を作るなんて、子どもには見当もつきません。僕は母に誘導尋問されて、詩にもなっていないけれど「うさぎさんの目は赤い」とか鼻歌のようなものを歌って、それを母が書き取ったのだと思います。

もう一つ強烈な思い出は、生活団の帰りに友だちと3人で、渋谷の東急文化会館の地下にある映画館に、子どもだけで入ったこと。当時は6才組（年長クラス）になると、自立心を養うためか、登下園に親がついて行ってはいけなかったので、一人で渋谷までバスで出て、電車に乗って通っていたんです。今はそんなことをしたら危なすぎますが、当時はのんびりしたものでした。持っていた10円で観られるのはニュースくらいだったので、それを観て帰りました。子どもとしては大冒険です。僕はだれにも話さずだまっていたけれど、一緒に行った子が親に話したために、翌日大騒ぎになった。僕たちが卒園した後、10年くらいは語り草になっていたらしいです（笑）。

生活団でたくさんの音楽に触れたので、これで終わらせてはいけないと親が思ったのでしょう。小学校はみんなバラバラになるのですが、親同士が連絡を取り合い、10人ほどが同じピアノの先生のところに通うことになりました。「みんなが行くなら行こうか」と、僕は一番後ろからついて行った感じでした。その先生がとてもいい方で、厳しいけれど芯はやさしい。単にピアノを弾くだけでなく、みんなで音楽を聴いたり、譜面を見たりしました。ビートルズを知ったのも、そのピアノの先生のところです。僕にとっては、とても楽しい場所でした。

でも、学年が上がるにつれて、だんだん生活団のメンバーは減っていきました。僕はなんとなく残っていたら、5年生のときに先生から「作曲をやりなさい」と言われました。作曲なんて寝耳に水です。親も僕自身も断り続けていましたが、ピアノの先生がものすごい情熱的で。こちらは根負けし、「じゃあちょっと行ってみようか」と、作曲の先生のところに通い始めました。

生活団の親御さんがピアノの先生を見つけてくれて、今度はピアノの先生が藝大の作曲家の先生に出会わせてくれた。100パーセント自分で選んだのではなく、僕はただついて行っただけ。すべて生活団から始まり、縁がつながってここまできたのです。

作曲の先生は怖い人だったから、とてもじゃないけれど、やめるなんていい出せる雰囲気ではありませんでした。よかったのは、小学生から高校3年生まで何十人かがそろって次々にレッスンをしていくので、高校生のお兄さんお姉さんの姿を横で見られたことです。それぞれが作ってきた音楽を聴いていると、小さな坊主ながら「この音はいいな」とか「この人の音はあまりよくない」と感じる。そのうち、お兄さんの課題の間違いを見つけて直してあげるようになりました。それで、やっているうちに、だんだんおもしろくなってきたんだろうな。すべては出会いですよね。

生活団のときの経験は忘れていないし、先生のたたずまいも、動物がいたことや砂場がある空間もよく覚えている。みんなでピアノを触ったこと、絵を描いたこと、木くずを拾っておもちゃを作ったこと。子ども時代にそういう体験ができて本当によかったと思いますね。そしてそれははっきりと、今の自分の基礎になっています。

生活団の自由な環境が、僕にはとても合っていました。当時の友人とは今も仲よくしています。親はもう他界している年齢ですが、親同士もとても仲よくしていました。生活団の後には小中高大と別の学校に通いましたが、生活団の友だちが今も一番つながりがあるんじゃないかなあ。

自由学園は、100年前にフランク・ロイド・ライトに建築を頼むセンスといい、当時の日本としては最も先進的な教育機関だったのでしょう。僕は自由学園そのものではありませんが、その教育方針に沿った幼児生活団に通いました。10年くらい前「オノ・ヨーコと坂本龍一は同じ幼稚園だった」と、ニューヨーク・タイムズの記事になったことがあります。オノ・ヨーコさんと同じ生活団に通ったことも嬉しいことですし、ほかにも、きっと自由学園にはおもしろい人が育っているはず。今後の100年もぜひ、自由で、文化を育む教育を発展させていっていただきたいですね。（談）

第6章

社会に働きかける

幼児生活団幼稚園の子どもたち。
自分の靴をゆっくり履く子、友だちの手伝いをする子、
声をかけ合いながらみんなで育っていく。

支える つながる
力を合わせる

初等部の校庭では、
子どもたちが元気な声を上げながら
みんなでサッカーをしていた。

みんなで共に

上／初等部の休み時間。
体操館に集まって
なにやら楽しそうに
子どもたちが相談をしていた。
下／年が明けると、
それぞれが家で書いてきた
書き初めを見合う。
新年の決意をしたためた
堂々とした筆文字。

自治を大切にする学園で、共に暮らすことで培われていくのは、相手を思いやる気持ちや、協力しながら他者のために動く力。よりよい社会を目指す教育、今またそれは、被災地の人たちや、さまざまな生きづらさを抱えた人たちとのつながりを育もうとしていた。

「いつか支えたい」——いつか、どこかで、誰かを

新緑が輝き始める季節、女子部の渡り廊下で、高橋学園長はふと立ち止まった。そこには、毎週、生徒たちの習字が貼り出される。お手本や決まった言葉があるわけではなく、前の週のできごとや自分の思いを、それぞれが自由に表現するのだという。

「いつか支えたい」。そう書かれた一枚があった。

なんていい言葉だろう。高橋さんは気になって、書いた生徒に声をかけた。

それは、入学したばかりの高等科1年の生徒だった。そしてこんな話を聞かせてくれた。

「私は新入生だから、右も左もわからない。中等科からの同級生が、いつもサポートしてくれるんです。何か恩返しがしたいと思っても、返すことができない。でも、いつか何かあったときには、今度は自分が支える側になりたい、そう思ったんです」

そして、いま高等科3年になった杉田春風さん（18歳）は、新入生を迎えるリーダーだ。

「自由学園の生活は、そうした経験の連鎖です」と高橋さんは言う。「つねにどこかで誰かが、自分のために何かをしてくれている。見えないところで台所をきれいにしてくれる人。薪をた

くさん用意してくれる人。自分の生活が、誰かに支えられていることを知ると、自分にしてもらったように誰かに返したいと思う。それも、とても自然に」

他者のために動く、自由学園のDNA

「何かあったとき、すぐ動ける。これは、自由学園のDNAだと思うんです」

そう話すのは、仙台在住の卒業生の小山厚子さんだ。

自由学園創立の2年後、関東大震災が発生し、近隣の被災者たちのために、すぐさまボランティア活動を始めた。その伝統が脈々と受け継がれているのだという。２０１１年の東日本大震災の際も、全国友の会、自由学園、婦人之友社が連携して動き出し、被災各地で支援活動を展開した。その一つが宮城県石巻市の十三浜地区。友の会会員らが3度、炊き出しに駆けつけ、遠慮がちに「魚が食いてえ」という住民たちに、さわらの漬け焼きや青菜のおひたしなどを用意し、現地で温かくして供したのをはじめ、さまざまな生活支援を続けた。

リアス式海岸に13の集落が点在する十三浜は、良質なわかめで知られる沿岸漁業の浜だ。ところが、主要ななりわいだったわかめの養殖は、震災で壊滅状態となった。やがてわかめ養殖が復活すると、浜の希望につながる価格で購入し、食べることで応援しようと、雑誌『婦人之友』を通じた呼びかけも始まった。当時、同誌に記事を寄せながら活動を提案した小山さんは現在、「浜とまちをつなぐ十三浜わかめクラブ」（２０２０年発足）の代表を任されている。

「支援活動で気づかされたのは、『羽仁もと子案家計簿』*の力。公共費*の欄があって、いざというときに社会に差し出せるよう普段から貯めておくという発想。だから自前の資金ですぐ動けたし、10年たって、他の多くの支援が途絶えていく中、私たちはずっと続けられているのです」

２０１１年3月11日、大地震が発生したとき、小山さんは、宮城県大崎市の鳴子温泉で、民俗研究家の結城登美雄*さんに取材中だった。食の生産現場に詳しい結城さんと三陸沿岸を訪れたこともあった。いても立ってもいられなかった。10日後、安否を確認した知人に連れられ、約２００人が身を寄せる十三浜の相川避難所を訪れた。

「家や家族を失った人たちが、自労自治で支え合いながら苦境を乗り越えていた。ここには競争ではなく協力がある。自由学園と共通するものを感じました」

そんな小山さんに帰り際、「おなか空くから持ってって」と貴重な食料であるおにぎりを差し出したのは、その後、親しいつき合いとなる漁家のお母さん、佐藤のり子さんだった。

十三浜の大室《おおむろ》集落に、漁師の佐藤徳義《のりよし》さん、のり子さん夫婦を訪ねた。津波に流された家の跡地に建てた作業小屋で、二人はわかめの袋詰めに追われていた。徳義さんが、あの日のことを話してくれた。16メートルもの津波が来るとは想像さえしなかった。

「まるでCGの世界。津波が押し寄せて、奥の方にあった家々までみんな流されていく。もともとのわが家はもっと浜に近いところにあった。それが明治三陸地震津波（１８９６年）で流されて、危ないからと山際のこの場所に建て替えたんです。夕方、安否確認に出たら、空爆を受けた街のように何もなかった。残ったのは家の土台だけ」

徳義さんは、一時は漁に復帰することも断念しかけた。

【羽仁もと子案家計簿】
婦人之友社刊。全国友の会では、羽仁もと子が考案した家計簿をつけ、家計を管理することを推奨している。

【公共費】
羽仁もと子は、家計簿を考案した当初から「公共費」の欄を設け、収入の1パーセントを他人のため社会のために使うことを呼びかけた。

【結城登美雄】
1945〜
地元学プロデューサー。東北の農村に深くかかわり、東日本大震災後は復興に東奔西走した。

「それでも結局は、海が好きな人たちが残った。定置網のサケ、刺し網のスズキ、ナメタガレイ、ヒラメ、ハモ、ツブ、カキ、カニ、アワビ、ナマコ、籠漁のタコ、何でも獲れるからね。ちゃっこい頃からずっと海で生きてきたからね」

報道をはるかに超える規模の津波が押し寄せたとき、漁具の避難に奔走していた夫婦と、8歳だった次男の寛哉さんは離ればなれに。窮地を救ったのは、顔なじみの近所の男性だった。

「山に登れるか、こけたら死ぬぞ」

隣人に励まされながら、少年は山道を駆け上がり、間一髪。すぐ背後まで水が迫っていた。

浜に教わったコミュニティの大切さ

震災の年、最初に十三浜支援に訪れたのは、女子部の高等科生だった。夏休みには有志20人が、お手製のパジャマや菓子を手に仮設住宅を訪ね、子どもたちとゼリーやうちわ作りもした。漁業が復活すると、男子部もわかめの養殖作業の支援に来るようになった。春の浜でのボイル作業や夏の炎天下、養殖ロープの掃除は重労働で、浜の苦労が身にしみた。日の出とともに、漁船でわかめの刈り取りをしたこともある。海の仕事の先生役でもあった寛哉さんは、生徒たちが来るたびに「追分温泉*」で食事を共にした。あるときは自由学園に来て、生徒たちとわかめの試食販売もした。今、17歳の長身の若者に成長した寛哉さんは、同じ年齢の生徒たちが来ることを心待ちにしていた。それがコロナの流行で中止となり、残念そうだった。

海に向かって祈る女子部の生徒たち。

【追分温泉】石巻市北上町にある一軒宿。震災当時は、地域の避難所となった。

「自由学園は山で植林したりするけど、海の仕事はやったことがないと聞いた。だから、ここへ来て十三浜のよさや自然相手の漁業の大変さを知ってくれたら嬉しい」と微笑む。

獲ったアワビをふるまってくれたのり子さんが、別れ際に言った。

「生徒たちは自分で考えながらよく動く。先生方も神社の掃除や沿道の草刈りまでしてくれるの。私たちは、ここにわかめの手伝いに来た生徒たちが、思い出してふらっと遊びに来てくれるのが一番、嬉しい」

実際、学園を出てからも、十三浜の人々を慕って、「元気ですか?」と電話をしたり、親戚でも訪ねるようにふらりとやって来る生徒もいるのだそうだ。その一人が、高等科から早稲田大学の建築学科に進んだ山下耕生さん(23歳)だ。生徒たちの発案から生まれた東北ボランティア有志の会に参加して、初めて浜を訪れたのは、中3のときだった。その後は同会のリーダーとしても、クラスの仲間たちとも通い、進学後も年に3度は足を運んだ。すべて流されて将棋ができない佐藤さん親子のために、将棋盤を手作りしたこともある。

あるとき、仮設住宅で暮らす80代の女性が、音も出せない窮屈な仮設暮らしの辛さを語った。その言葉がいつまでも心に残った。津波で漁村のコミュニティを支えていた豊かな生活環境が壊滅したことの深刻さを噛みしめた。そんな経験から、将来、コミュニティ再生のための建築を目指そうと、建築学科の受験を決めた。

「大室浜では堤防を作らないという選択をした。住宅は高台移転したが、漁具を置く小屋や作業場は、今も低地にある。だから、朝起きて海を見て、その日の漁を決める習慣や、作業場が家の隣でなくなったことで、生活のリズムも変わった。十三浜の大室という集落には、海を背に

十三浜で、収穫後のわかめの選別作業を手伝う男子部の生徒たち。漁師さんたちの仕事の大変さを実感した。

して舞う南部神楽が残っていた。高台移転してもなお、海と共にある暮らしをどう再構築するのかを、漁師さんたちに話を聞きながら考え続けた」

　大学の卒業制作の課題で仕上げた緻密な建築模型を見せてくれながら、山下さんが説明する。そこには、地元の*雄勝スレート屋根の美しい曲線と、*気仙大工の工法を用いた浜床の舞台が再現されていた。海を見下ろす神楽の舞台だ。少し離れたところに立つ山手の*斎庭《ゆにわ》は、十三浜の人たちが、共同で使える作業場を想定したという。

　その卒業制作は、2019年度の早稲田大学建築学科の卒業設計で金賞を受賞した。老朽化した団地や農村の古民家再生のプロジェクトも、浜で教わったことがベースになっているという。

「十三浜に通ったことで、コミュニティが大切だからこそ、そこに建築が必要なんだと思えた。芸術として造る人もいますが、僕は建築をもっと血の通ったものにしていくことが課題です」

　最近は、山下さんがふらりと浜に遊びに行くと、お帰りなさいという言葉が返ってくる。

障害のある人もない人も使える「共用品」を世界に広める

　シャンプーの容器の横に付いたギザギザで、洗髪中に泡が入って目が開けられないときに重宝した覚えはないだろうか。そのギザギザは、目の見える人にも役立っているが、目の見えない人には、画期的な工夫だった。そして、こうしたものを共用品と呼び、社会に広める活動をし続けているのが、共用品推進機構の星川安之さん（63歳）だ。

【雄勝スレート屋根】
石巻市雄勝町で産出する石を使った、天然材のスレート。

【気仙大工】
岩手県気仙地方の大工の呼び名。民家はもちろん、神社仏閣の建築、建具や彫刻までこなす高い技術を持った匠の集団が江戸時代から存在した。

【斎庭】
神を祀るために斎《い》み清めた場所。

学部3年のとき、自ら電話をしてある施設を訪れ、重度の障害のある子どもたちと出会った。するとそこの療育者が「ここの子たちがもっと遊べる市販の玩具があればいいんだけど」と口にした。

「数学の応用問題が出題されたように思った。どうすれば解けるのか」。星川さんは、これを解いてやろうという思いから、玩具メーカーのトミー工業（現タカラトミー）に入社した。

入社後半年、同社に障害のある子どもたちの玩具を研究開発する部署が新設された。最初の1年は各地の施設に出かけて、さまざまな障害のある子どもたち約1000人と接した。全ての子どもが遊べる玩具は理想だが不可能に近い。2年目は視覚障害の子どものための玩具に的を絞った。盲児のいる家庭を20軒訪れると20軒とも「ボールがどこにあるかわからないから、30秒くらい音がするものが欲しい」と答えた。そこで、星川さんが開発したのが、タオル地のボールにICチップを入れた音が出るメロディー・ボールだった。

ところが85年、プラザ合意の円高で、輸出を主にしていた会社の経営は危機的状況に陥り、星川さんは、一般玩具の開発と兼任となる。そこで生まれた発想が、共遊玩具だった。障害の有無にかかわらず、共に遊べる玩具。社会全体を変えていく、共用品の始まりだった。

そこから星川さんは、日本玩具協会と連携し、業界全体の意識を変える運動、さらには業界の壁を超えたプロジェクトを展開していく。大手家電、トイレタリー等の会社も加わり、20〜30人の人たちが、月に一度集まるうちに、やがて400人ほどの団体に成長した。

「視覚障害から始め、聴覚障害、肢体不自由、知的障害、妊産婦、高齢者などへの不便さ調査を行い、報告書として情報を共有した。調査で明らかになった課題を、作る側、使う側、中立者で議論と検証を重ね、合意に達した解決案は、日本産業規格（ＪＩＳ）、その後の国際規格だった。イベントや展示会を行い、絵本やビジネス書も多くの出版社と作った。一人では、一社では、一業界では、解く糸口が見つからなかった応用問題の答えが、見え始めた。市民活動として８年間行ううちに、こちらが投げた球を社会が受け止めて返してくれるようになった」

その後、財団へと発展、活動は国際化した。「市民活動の頃は、ピンポンしているような楽しさだった。公益財団になった今は卓球している感じ。大忙しです」と笑った。星川さんの提唱した「共用品」の市場規模は、95年の４８００億円から２０１８年は３兆円にまでなり、多くの企業も賛同した。それでもまだまだ社会からの新たな応用問題は途切れることなく出題され、星川さんたちの活動に、多くの期待が寄せられている。

多様な生き方のできる場所

身体や精神に障がいを抱えた人たちが尊厳を持って働けるような場作りが、ようやく日本でも叫ばれるようになった。多様性が大切とうたいながら、実際には、障がい者の作業所での月給が平均約１万４０００円（２０１９年）では、家族も心安らかには暮らせない。さまざまな障がいを抱えた人たちを支えながら共生していくソーシャル・ファームの日本の先駆けとして改めて注目されているのが、長野県や北海道に点在する「共働学舎」*である。

そこには引きこもり、統合失調症、自閉症、アスペルガー症候群、躁うつ病、サリドマイド症

【共働学舎】
障がいを持つ人、今の社会で生きづらさを抱える人たちと、農業を中心に共に働き生活する。現在は信州２カ所、北海道２カ所、東京の全国５カ所にある。

候群、ホームレス、DV被害に悩まされた人など、さまざまな困難を抱えた人が暮らしている。

　誰もが、それぞれのリズムで協力して働きながら、暮らしていける。そんな場を目指して1974年に「共働学舎」を創立したのは、宮嶋眞一郎*さんだ。男子部の1回生で、19歳から英語教員として自由学園で教えた。

「父は植林や登山の指導もしていたし、サッカー部の顧問でもあった。上から目線で教えるのではなく、生徒と一緒になって動く人だった」と話すのは、次男で「信州共働学舎」の代表をつとめる宮嶋信さん（68歳）だ。彼も男子部の卒業生である。

「父は、兄の望と、自由学園のパン工房で焼いたクリスマスケーキを抱えて島田療育園（現・島田療育センター）に毎年、通っていた。そして僕が高等科3年のとき、今年はお前がついてこないかと言った」

　島田療育園は1961年に開設された、日本で初めての重度の障がいを抱えた子どもたちのための施設だった。そのころ、信さんは父の書庫から多くの本を読み漁り、どう生きていくべきかを模索していた。そして、そのクリスマスの晩の体験に衝撃を受け、その日のうちに「島田療育園」で看護助手として働くことを決意した。その後、2年間勤めることになった。

「後になって、あのとき、お前が島田療育園で働かなければ、私も障がい者と関わっていくことはなかったかもしれないなと父が話してくれた。その父が、1973年50歳のとき、学園を辞めた。父は、『教育は不便なるがよし』と言った吉一先生の言葉を何とか実現したいと考えていた。もっと自然の豊かなところで、身体を思いっきり動かしながら子どもたちを育てたい、と」

　2年後、眞一郎さんは、実家のあった長野県小谷村で「共働学舎」を立ち上げた。

【宮嶋眞一郎】
1923〜2015
自由学園男子部第1回生。19歳から学園の英語教員となり、50歳で退職。1974年に共働学舎を長野県小谷村に創設した。

といっても何もないところからの開拓の日々だった。施設を出たら、福祉の村として知られたドイツのベーテルに行ってみたいと考えていた信さんも、これを断念し同行した。

「父は、その頃には視力をほとんど失っていた。自分も障がい者になるという覚悟とともに、そういう人たちの生きる場所をつくろうとした。でもお金がないから苦労した。まずは健康に生きていくために無農薬の野菜や米を作り、動物も飼って循環型農法をしていこうとなった」

眞一郎さんと信さん、2人のボランティア、北九州から来た小頭症の少年、東京の統合失調症の青年、三重県の引きこもりの少年、それが最初の家族だった。過疎化で空き家が増える地域で、茅葺きの古民家などを自分たちで改修しながら施設を増やした。今では、約40人が二つのコミュニティに分かれて、牛、ヤギ、鶏を飼い、味噌やパンなどを売って暮らしている。

1977年、ドイツから森を視察して戻った福澤和雄さん（82ページ）が、北海道の小平町に「寧楽共働学舎」（現代表は吉田肇さん）を、さらに翌年、自由学園を出た後、アメリカの大学で酪農を学んだ宮嶋望さん（69歳）が「新得共働学舎」を立ち上げる。東京にも通いでクッキーを作る「南沢共働学舎」が生まれた。

今も現場では試行錯誤の日々が続くが、寧楽ではおいしいサラミやソーセージを作り、新得のラクレットチーズは、「ナチュラルチーズコンテスト」でグランプリを受賞。桜葉で香りづけしたチーズは、本場フランスの山のチーズコンテストでも金賞を受賞した。

「新得共働学舎」の宮嶋望さんは、著書の一つ『共鳴力』（地湧社）に、眞一郎さんの共に支え合って生きる社会を目指すための理念をまとめている。

そしてその核心にあったのは、たとえ心身に重たい困難を抱える境遇にあっても、自分で自

男子部の生徒が修養会（自分自身に向き合いクラスの友との絆を深める）で訪れる信州「真木共働学舎」。

分の生活を成り立たせていくという自由学園の「自労自治」の精神だったと記している。

交ざり合い支え合う社会の実現を

卒業生の高橋めぐみさん（28歳）は、初等部3年のとき、学園の近くの特別支援学校と交流したことを覚えている。そのとき、高橋さんは、知的障がいの子どもたちに対し、「たとえ相手が年上でも、こちらが助けなければならない存在という印象」を漠然と抱いた。

最高学部のときには先輩が、盲学校で週に一度、寄宿舎に泊まり込みのアルバイトを紹介してくれた。中高生の子どもたちの世話だった。3年のとき、ギャップイヤー制度に手を挙げ、ユニバーサル・デザインを学ぼうと北欧を目指す。そして、2013年、半年通ったデンマークの国民高等学校のエグモント校*での体験に衝撃を受けた。このフォルケホイスコーレ*と呼ばれる国民高等学校は特に入学資格は要らず、歴史、政治、一般教養などを学ぶのだが、エグモント校ではおよそ半数が障がい者で、電動車椅子を利用する人も40人ほどいた。

「とにかく、アクティブだった。車椅子の人が、シーカヤックをするのです。やらないという選択肢はない。本人が望めばとにかく何でもやる。そしてバディは、監視役でも指示役でもない。友だちでもあり、ドライなお金の関係でもある。その活動を支える資金を出すのは、自治体です。私は、エグモントで日本人の車椅子の女の子のバディをしましたが、あるとき旅行に行きたいと相談された。すると先生たちが、交通費を半分出してもらえばいいんじゃないとあっけ

【エグモント校】
障がい者と健常者が共に学ぶ「対話と共生」がテーマの全寮制の学校。17歳以上なら国籍問わずだれでも入学できる。

【フォルケホイスコーレ】
デンマークの成人のための教育機関。単位や学位は取れないが、自由な雰囲気の中で学べる全寮制の学校。デンマーク国内に70校ある。

らかんと言う。最初はびっくりしましたが、でも、そうすることで対等になれた。助けてあげる対象だった障がいのある人へのイメージは、この留学で完全に覆りました」

高橋さんは、エグモント校で、ボールを使った競技にも車椅子の人が参加するのに立ち会った。一緒にさまざまなことに挑戦しながら、共存できる方法まで探っていく。

「もし、車椅子の人たちが参加できずにいたら、できるように、みんなでルールを考える。たとえば、デンマーク語ができない私も、そこでは一種の言語障がい者です。すると、私が入れるように指示は英語でというルールができるわけです」

帰国後、高橋さんは日本ブラインドサッカー協会*のインターンとして、その普及に携わり始めた。その中で信念を持って全力で働く人たちにも出会った。

「初めて見たブラインドサッカーは衝撃的でした。音で相手の位置を察知するのです。アイマスクをつければ条件は同じなので、目が見える同級生にも時々、参加してもらいます」

やがて試合で、ゴール裏で声を出して指示するガイドもつとめるようになった。

ブラインドサッカーは、2002年に日本にやってきた。高橋さんが働き始めた2014年は、国内に12チームだったが、ちょうど日本で世界選手権が開催された年だった。現在は日本障がい者サッカー連盟に加盟するチームが国内に29チームあり、ブラインドサッカー協会で働く人も40人に増えた。このスポーツを、お金を払う価値のあるものに変えていくことを目指しているという。

エグモント校の学生たちが修学旅行で来日したときには、自由学園を訪れた。彼らをアテンドした高橋さんは、日本はまだまだ不自由だと感じた。

【日本ブラインドサッカー協会】
日本の視覚障がい者のサッカーを統括する、NPO法人。
https://www.b-soccer.jp/

「たとえば、日本の駅は、補助がついて階段を上がるシステムは往復に10分ほどかかります。車椅子の人が3人もいれば、当分、駅から出られないのです」

今、高橋さんは、視覚障がいのある選手と共に小学校を巡り、ブラインドサッカーを通じて、子どもたちが障がい者と対等に接する機会を増やそうと努めている。

「子どもたちは最初、かつての私のように障がい者は可哀想な人、弱者だと考える。けれどもすぐに選手は彼らのヒーローになる。小さいときにそんな経験を持ってもらうことが大切なのです」

将来の夢は、エグモント校のような環境を日本にもつくること。

「交ざり合って、支え合う社会です。一度だけの授業では伝わらないものがある。同時に生き方の多様性も学ぶ。エグモント校では、大学に進む前に学ぶ人も多い。若い人が世に出る前に、そういう場があることは大きい。そこで人生を学ぶのです」

福祉の視点を広げると子どもたちが変わった

男子部の部長である更科幸一さんは、朝の30分、食堂の2階の一隅にある部屋にコーヒーと菓子を用意して、生徒たちと対話をする。

更科さんが赴任してきた17年前、学園の風紀はそれほど理想的なものではなかったという。

「礼拝の時間、後ろの方では横になっている生徒までいた」

試行錯誤するうちに、まずは安心・安全な環境づくりが必要だと気づいた。

「当時はまだ坊主頭が校則だった頃で、中1の生徒が、上級生に無理やり頭を刈られたり、説教を受けたりすることもあった。思い切った改革の必要を感じた」

部長就任2年目、更科さんは学内で「平和週間」というイベントを始めた。国連が定めた9月の国際平和デーに合わせて、さまざまな人を招き、講演会を開いた。そこで更科さんは16年間、刑務所に入っていた人を招いた。するとその人は学園の坊主頭を見て、期せずして「刑務所みたいだね」と呟いた。そんなこともあって男子部と男子寮の改革が進んだ。

人はみんな違うということを学ばせたいと、LGBTやヘイトスピーチの専門家も招いた。

「あるとき、平良愛香というゲイの牧師さんを招いた。彼が、自分らしく生きようという創作の賛美歌を歌ってくれた。すると、生徒たちの差別への意識が変わった。5年かかると思ったら、生徒たちはすごい。3年で変わった。心がざわついていたのでしょうね。落ち着いてくると、勉強もするようになってきたんです」

とはいえ、思春期の生徒が同居するのだから、問題が起きないはずはない。そんなとき、更科さんは、問題を起こした生徒への教育をスペシャル・スタディと呼んで、特に大切にしている。

「反省文など書かせても、忖度《そんたく》して、やったことを隠す人間が育つだけ」だから、一人ひとりにじっくり向き合う。その生徒に一人でなく、いろんな教師が関わることも大切だという。

2006年には、学園にソーシャルワーカーも招き入れた。法律で、公立の学校にスクール*ソーシャルワーカーの導入が義務づけられたのは2009年のことで、全国的にも先駆けだった。現在のソーシャルワーカーである入海英里子さん（日本スクールソーシャルワーク協会会長）とは、外部の講座で出会った。原発、沖縄問題、ヘイトスピーチ、子どもの人権と、関心

【スクールソーシャルワーカー】
一人ひとりの生徒が大切にされ、学校生活を送れるように、家庭、学校、地域など生徒を取り巻く環境をつなぎ、問題の解決に向けて支援する福祉の専門家。

を抱くテーマが似通っていた。

「学校を子どもたちが安心できる場に変えていくには、もっと思い切って福祉的な視点を持つ教育が大切なのではないか。互いを大切にし合う文化を取り込むことだと悟った」

学園で生徒同士の問題が起こったとき、更科さんは、入海さんと、双方の保護者のもとに何度も足を運んだ。なぜ、それが起こり、互いをどう感じていたのかをみんなで考え、最終的には直接の対話へと導く。入海さんは、「長い時間をかけて、直接の対話へと導くタイミングを見極めたのは、寄り添った友人たちでした」と教えてくれた。

ホームレスの人たちとおにぎり

男子部高等科2年の中村郁人さん（17歳）に、学校の授業では何が楽しいかと尋ねると、「今、ボランティア活動が楽しい」という答えが返ってきた。何のことかと問い返すと、近く学園の有志でおにぎりを作って、池袋のホームレスの人たちに届けるのだという。

そこで、ある秋の夕方、中村さんに指定された男子部の食堂に行った。すでに部長の更科さんが待っていて、こんな話を聞かせてくれた。

「ソーシャルワーカーの入海さんの友人が、ホームレスの人に布団を持って行くという話が、僕の中で刺さっていた。生徒には、隣人を愛せよ、優しくなれなんて言っておきながら、自分はいったいどうだろうと自問しました」

ホームレスの人たちのためにおにぎりを作る男子部の生徒たち。

休日の散歩コースには、いつも出会う2人のホームレスの人がいた。そこで、散歩のときにコンビニでパンを2袋買って手渡すことにした。ずっと会話もなかったが、あるとき相手が、「ああ、ありがとうね」と発したとき、更科さんの中で何かが動いた。年の暮れが近づき、ホームレスの人たちに何か温かいものを食べてほしいと、正月の朝、何時くらいに来るのかを確認し、その朝、よかったらどうぞと温かいご飯と十三浜のタコを、水筒の温かいお茶と一緒に差し出した。自分も隣に腰かけて、一緒に食べた。

礼拝の時間に生徒たちの前で、その話をした。すると、いつもはざわざわしている生徒たちが、しんと静かになった。更科さんは、これをきっかけに、池袋のホームレスに月に2度の炊き出しと生活支援を続けるＴＥＮＯＨＡＳＩ*という団体の事務局長の清野賢司さんに電話をした。生徒たちと炊き出しを手伝いたいと言うと、相手はいつでもどうぞと答えてくれた。

「でも、生徒たちが自分からやりたいと思ってくれなければ意味がないから、待ったんです。１年以上たった頃、コロナになって、家のない人たちはどんな大変な思いをしているだろう、という話題になったとき、２人の生徒が炊き出しに行きたいと言い出した」

２０２０年２月末、さっそく２人の生徒と炊き出しに参加する。その一人、高２の工藤健さんが女子部の委員長に声をかけると、３人の生徒が68枚のマスクを縫い上げた。

ＴＥＮＯＨＡＳＩでは、炊き出しのほかにも、おにぎりやお弁当を作ってホームレスの人たちに手渡す活動も続けてきた。この日は初めて、スタッフの案内のもと、その活動に参加させてもらうのだという。生徒たちが那須の田んぼで育てた米を、リーダーたちがあらかじめ炊いて用意し、ビニールの手袋で大きな丸に握ると、さっとゆかりをまぶしラップで包む。およそ

*【特定非営利活動法人ＴＥＮＯＨＡＳＩ】
池袋を拠点に、生活に困窮して家を失った人たちを支援する団体。出会い、話し、一緒に考え、つながりと家を取り戻すお手伝いをしている。
https://tenohasi.org/

1時間かけて約150人分を作り終えると、食堂の一角で池袋の支援を取り巻く現状についてのレクチャーを受けた。

講師は、フランスに本部のある「世界の医療団*」のメンバーとして10年、ホームレス支援に携わる武石晶子さん（42歳）で、彼女もまた卒業生だった。

「日本では、ホームレス状態の人はまず仕事をして自立を、という考え方ですが、実際にはさまざまな困難が重なり、働けない人も多いんです」

各団体合同の調査で、ホームレスの半数近くが精神障がいや知的障がいを抱えているとわかってきた。福祉政策の対象から漏れてしまったことで、ホームレス生活を余儀なくされている人も多い。そこで武石さんたちは、多くの団体と連携し「ハウジングファースト*」という活動を展開している。その後、生徒たちはおにぎりの袋を抱え、電車で池袋へと向かった。

TENOHASIのメンバーと合流すると、そこには、もうホームレスの人たちが長い列を作っていた。ビルの陰に小さなダンボールハウスを造り眠っている人たちのもとへも、おにぎりを配りに歩く。あらゆる関係は、可逆的だ。だからこそ、新しい関係が生まれたとき、私たちは、互いに何かを得ることができるのだろう。後日、更科さんがつくづくと言った。

「支援するなんていうけれど、結局、自分の方がたくさん何かをもらっている。解放されている。彼らは何のしがらみもない、素の人間としてそこにいるからです」

そして何よりも、社会に働きかけることを始めた若者たちの姿は、社会を温かくする希望の光そのものだった。これから、自由学園の新しい歴史を刻むわくわくするようなことが始まりそうな予感がした。


【世界の医療団】

医療ボランティアを世界に派遣し、人道支援に取り組む国際認定NPO法人。

https://www.mdm.or.jp/

【ハウジングファースト】

ホームレス状態の人に「まず安心できる住まいを」。住まいは権利であるという理念のもとに支援する枠組み。1988年にアメリカで始まった活動。

5/6

【自由学園と私】

社会とつながる「えんがわ」のような存在

一般社団法人
エシカル協会代表理事
Sueyoshi Rika
末吉里花

慶應義塾大学卒業後、フリーアナウンサーに。TBS系『世界ふしぎ発見!』のミステリーハンターなど。日本全国の自治体や企業教育機関でエシカル消費の普及を目指し、講演を行う。著書に『祈る子どもたち』（太田出版）『はじめてのエシカル』（山川出版社）などがある。ユネスコ国内委員会広報大使、都消費生活対策審議会委員。

創立100周年、誠におめでとうございます。創立者である羽仁もと子先生と吉一先生の言葉、「思想しつつ　生活しつつ　祈りつつ」を、努力しながら実践されてきたからこそ、今の自由学園があるのだと想像をしています。

次の100年につなげるためにも、私たち共通の「家」である地球について言及したいと思います。地球はこの100年で大きく変わりました。私たちは「人新世《ひとしんせい》」を生きています。「人新世」とは、ノーベル化学賞受賞者のパウル・クルッツェンによって考案された「人類の時代」という意味の新しい地質学的な時代区分で、私たち人間が地球の生態系や気候に大きな影響を及ぼすようになった時代であることを表しています。

産業革命以後の約200年間に人類がもたらした森林破壊や気候変動の影響はあまりに大きく、中でも温暖化の問題は深刻です。人類は今まで掘り起こした化石燃料のうち半分を1990年以降に燃やし、「もっともっと」と経済成長を続け、膨大な二酸化炭素を排出してきました。産業革命以前には280ppmであった大気中の二酸化炭素の濃度が、2019年には400万年ぶりに415ppmを超え、地球の平均気温は上がり続けており、以前の状態に戻れなくなる地点「ポイント・オブ・ノーリターン」が迫っています。

私は日頃、エシカル協会の活動を通じて、日本全国の生活者に向けてエシカルな暮らしの実践を普及啓発していきます。エシカルとは直訳すると「倫理的な」という意味で、「人や地球環境、社会、地域に配慮した考え方や行動」のことを指します。一人ひとりが暮らしの中で、エシカルな選択を積み重ねていくことで、世界が抱える課題や問題を解決する力の一端を担うことができ、よりよい未来を作ることができる、ということを伝えています。大人たちだけでなく、未来そのものである子どもたちに向けても、この考えを知ってもらう機会を積極的に作ってきました。

特にZ世代（1995年以降生まれ）の若者たちと接する機会が多く、彼らから多くのことを学んできました。私が接した若者たちの多くは、怒りと不安を抱えていました。大人たちが排出した二酸化炭素のせいで、なぜ自分たちの選択肢が狭められなければいけないのか、大人になったときに健全な地球があるのか、幸せに暮らしていける未来はないんじゃないか、といった後ろ向きな思いです。

「学校は待ってくれるが、気候危機は待ってくれない」と、活動するために大学を休学してしまった学生もいます。こうした若者たちの声を聞くと、私は胸が苦しくなります。

2019年に日本財団が国や社会に対する意識を9カ国の若者たちに調査した「18歳意識調査」があります。その中で「自分で国や社会を変えられると思う」という質問に対して、「変えられる」と答えた日本の若者はわずか18・3パーセントで、他の国と比べても驚くほど低く最下位でした。この結果を見て感じるのは、日本では学校での学びが暮らしや社会とつながっておらず、試験に合格するための勉強になっているのではないか、ということです。

このような一見絶望的ともいえる時代に生きる私たちは、何に望みを持ち、立ち向かっていったらいいのでしょうか。その答えのひとつが、私は自由学園の教育の中にあると思っています。

2018年夏に、私は自由学園のキャンパスを訪れる機会をいただきました。木々が茂り、花々が色鮮やかに咲き誇り、鳥たちが楽しそうに鳴き、静かに小川が流れる、東京とは思えない豊かな自然がどこまでも続いていたのを覚えています。最も印象的だったのは、自由学園の教育は生活をすべて学びに変えているという点でした。毎日生徒たちが手作りをする「お食事」。4歳から始まる土いじり。初等部から最高学部まで学年ごとに畑を持ち、種をまき、野菜を育て、毎日世話をしている様子を見聞きし、手や頭を動かしながら五感を生かし、暮らしの中に学びを見つけ出していく教育が、実に軽やかに楽しそうに行われていることを知りました。

農作業も単に農作物を育てて収穫をして食べるだけでなく、小学校では畑の暦と、国語、社会、理科、数学、美術、家庭科、総合といったあらゆる教科との結びつきがあり、横断的にさまざまな学習につながるように授業のカリキュラムが体系化されていました。ひとつのアプローチが難しい問題を相互関連させながら解決していく、というSDGsの観点からも、子どものうちから自ら問題を発見し、持続可能な社会をつくっていくための、豊かで多様なアイデアが次々と生まれてきそうだと感じました。

自由学園とその教員の方々は、学校と社会をつなぐ「えんがわ」のような存在であると思いました。えんがわという表現は、持続可能な発展のための教育に懸命に取り組まれている、ある先生から教えていただきました。学びを学校の中だけに閉じず、生きることとつなぐことで、生徒は社会の一員として今よりも良い新しい社会をつくっていける、という自信を育んでいるように感じたからです。その自信こそ、実践者として行動するための勇気になります。

私が今もエシカル協会を通じて行動し続けているのは、パタゴニアというアメリカのアウトドアメーカーの創設者イヴォン・シュイナードさんにいただいた言葉に支えられているからです。

「もし、あなたが活動をやめてしまったら、あなたは問題の一部になる。でも、もしあなたが頑張って活動を続けていけば、あなたは解決の一部になれる。人は何を思うか言うかではなく、何をするかでその価値が決まる」

今の社会構造では、ただ暮らしているだけで、私たちはさまざまな問題に加担していることになります。でもそれは反対に、一歩踏み出せば問題解決の一部にもなれるということです。私は一人の百歩より100人の一歩が世界を変える力を持っていると思っています。自由学園の教育は、100年の歩みの中で、この一歩を踏み出す小さな実践者を育み続けてきたのだと思います。

第7章

国際化と変化の時代に

新天地（畑）ではたくさんの野菜を育てているが
その中の何種類かは自家採種をしている。
そのうちのひとつ、オクラの種をとる。

イギリスやアメリカに限らず、デンマーク、ポーランド、フィンランドとの交換留学や、30年以上続けてきたネパールでの植林活動。地球のどこにいても、一人の人間として生きる力を身につけるために、各分野で活躍する卒業生から若者たちへのメッセージ。

多文化共生の時代に

5年前、高野慎太郎さんが、高等科1年の担任となったとき、30人のクラスに中国から3人の留学生が入学した。同時に留学生担当も任された高野さんは、言葉の問題だけではなく、寮生活など学園での暮らしに慣れない彼らに何ができるのかを、生徒たちみんなで話し合った。最初は、生徒にも保護者にも戸惑いの声が挙がった。そこで、留学生たちから本格的な餃子作りをみんなで習い、彼らに李白や杜甫の漢詩を中国語で朗唱してもらった。すると、中国語検定を受ける生徒も現れた。

「僕らはギャップを埋めようとするけれど、逆にその距離をエネルギーに転換する。中国の文化を理解しようという講座も、留学生はともすれば、教えられるばかりの弱者になってしまうから、彼らに教わってみる。この学校には、日中戦争のさなかに自由学園北京生活学校*をつくった歴史がある。隣人愛です。嬉しかったのは、1年目は、長い休みには爆買いして帰国していた留学生たちが、2年目からは友人の家に泊まりに行くようになったこと。保護者もうちに来ないかと声をかけてくれるようになった。いい関係が築けているんです」

【自由学園北京生活学校】
1938年、『婦人之友』創刊35年を記念して、隣国中国の少女のために開校。「共に生活を学ぶ　共に言葉を学ぶ　共に技術を学ぶ」を掲げ、特に美術工芸が盛んだった。1945年の閉校までに216人が卒業。

２０１6年に生まれた「国際化センター」も海外との相互交流に力を注いでいる。

「いろいろな文化や慣習を持つ人たちがいることを知り、いかに体験できるかが大切です。国際化センターの目的の一つは、留学生たちが学園のキャンパスに来てくれることで、そんな人間関係を深めることにあります。交換留学生、英語助手、デンマークからの体操講師がやって来ることも、生徒たちみんなに貴重な体験となっています」

そう語るのは、「国際化センター」所長で、前学園長の矢野恭弘さんだ。最高学部を出た後、米国のアマースト大学と英国のオックスフォード大学に4年半留学した。

「戦前から英語しか使わないイングリッシュ・デーという日を作ったり、革新的でした。男子部では、10年ほど前からレシテーション（英語の暗唱）コンテストを開催し、ケネディの演説やワーズワースの詩を全校生の前で暗唱しています。私たちが創立者をミスタ羽仁、ミセス羽仁と呼ぶのも、当時の外国人の先生がそう呼ぶのを、生徒たちがまねたのが最初です。創立者の頭には、英国のパブリック・スクール創立の理念への共感があったのではないでしょうか」

今でこそ富裕層のエリート学校といわれるパブリック・スクールだが、中世期、貧しくとも優秀な子どもたちのためにファンドを集めて創立したのが起源で、全寮制で自由と規律を重んじる校風で知られる。矢野さんは、改めてその教育がどのように行われているかを知りたいと、１９９2年の秋、英国に3カ月半滞在して、パブリック・スクールを中心に24の学校を見て回った。

「そして何校かに、卒業生を英語助手として派遣してくれないかという依頼を出したのです。今、英語助手を派遣してくれている名門ウィンチェスター・カレッジには、男子部生が短期留学生として学ぶ機会もあります」

英語助手は、ギャップイヤーを使って3カ月、自由学園に滞在するという。

また、教授が視察に来たのが縁で、ポーランドの大学とも姉妹校協定を締結した。交換留学に参加する学園生は研修でアウシュヴィッツ強制収容所にも立ち寄っている。

「今は異文化交流の時代ではなく、多文化共生の時代です」。そう言うのは、「国際化センター」副所長の早野曜子さんだ。大国主義に偏らないことも学園のよさだという。

「ポーランド、デンマーク、フィンランド、ネパール、カンボジアといった国々へも行く。最高学部では英語、中国語、韓国語はもちろん、デンマークやネパールの言語も学べます。その歴史を知り、理解することに深い意味がある。今後はお隣の国々ともっと理解し合うこと、もっと身近なところで他の国を理解することが大切です。留学生に原語で漢詩を読んでもらったり、トルコ人のお父さんにお話を伺ったりしています。違いには、文化的な背景があることを生徒たちが日常の中で学んでいけるように心がけています」

留学生との交流から拓ける将来への道

自由学園は31年間、ネパールで植林活動を続けてきた。この活動を支えてきたのは、最高学部の夏井正明さん（90ページ）だ。1989年、「自分たちの持っている力を、海外でも発揮するべきではないか」という当時の学園長の思いから始まったのが、無秩序な伐採によって荒れたネパールの山地に苗木を植林するプロジェクトだった。政府の営林署が苗の管理をし、村が

交換留学生と習字を楽しむ最高学部生。

植林する共同体で管理する森に自由学園が通うことになった。

「ひたすら植えた。最初はマツ、でも、翌日行くと蜜を吸うコオロギにかじられていた。寮《さい》の河原に石を積むような作業です。10年は続けないと大きくならない。ネパールでの生活は、3つのことを気にしなければ最高です。濡れること、汚れること、予定通りいかないこと」と夏井さんは笑う。毎年、夏休みに有志を募って4週間、トレーニングセンターに寝袋で泊まる。「すると、日本ではくすぶっているような子が、いきいきすることがあります。食事は、カトマンズの料理人が、日本人の舌に合う辛くない調理をしてくれる。無事に日本に連れて帰る責任はありますが、生活面での懸念はまったくない。昼は暑くても夜は涼しく、寝苦しいことは一度もない。標高1600メートルだから、星空が美しい」

それが縁で、ネパールからの留学生を受け入れてきた。数学教師だった安部道雄*さんが残した国際交流基金の賜物だった。プラニッシュ・マハルジャンさんは最初の留学生だ。

20年以上前、法務省には義務教育の中学生が親から離れて単身で長期留学するという先例（ビザのカテゴリー）がなく、特別滞在許可の申請に一苦労した。

マハルジャンさんと中1のとき、寮の同じ部屋だったのが、現在、写真家として第一線で活躍する公文健太郎さん（39歳）だ。公文さんが当時を振り返る。

「小学校の頃にはオーストラリアにも留学していた彼は、英語もペラペラ。一方、僕はお腹空いた？　と聞いたつもりでアングリー？　と聞き、怒っているの？　と返される始末だった」

この異文化体験が、その後の人生を大きく変えた。高3の頃、マハルジャン家に2週間、同級生と遊びに行ったのが初めての海外旅行で、自由学園の植林地にも連れて行ってもらった。

【安部道雄】
1904〜1992
東京大学理学部卒業の数学者。自由学園の数学の教員を長くつとめた。社会主義運動の先駆者であった安部磯雄の次男。

その村の美しさに魅了された公文さんは、翌年から4年間、休みのたびに通った。「日本人に考え方も近い、言葉も近い、宗教観も近い。僕にとって美しいと思える風景は、ヒマラヤの風景写真ではなく、人の暮らしがつくる風景だとも悟った」

そして写真の勉強を始めた。最高学部時代、卒業生で写真家の本橋成一さん（40ページ）に相談すると、その紹介で、旅の雑誌を手がけるカメラマンのアシスタントとなった。卒業制作は、写真と映像、ワークショップを兼ねた展示を公の展示場で開いた。公文さんはネパールの写真集を4冊発表、その後も農業、失われた薔薇の庭園、北上川、半島をテーマに写真集を出版。人の暮らしが生み出す美を追い続ける作品は高い評価を受けている。

とにかく行動すること

「スター・トレック」や「白鯨」といったハリウッド映画のCG（コンピュータ・グラフィックス）を担当した田中眞さん（50歳）も、世界で活躍する卒業生の一人だ。

「祖母が水彩画家だったこともあって、アートは好きだった。学園ではずっとバスケットボールばかりやっていたスポーツ好きな生徒。数学など学問となると、むしろ苦手だった」と語る田中さんは最高学部を卒業した後、大手コンピュータ商社に就職した。だが配属されたのは管理部門で、ずっと机に向かって数字を見るばかり。そんなとき、スピルバーグの映画「ジュラシック・パーク」の技術に感動して、CGの世界に目覚めた。CGなら、アートとコンピュータ、学園時代から好きだったその2つが融合する仕事だ。そこで、退職し、1年間専門学校で学び、その学校がアメリカに進出するとき、ティーチング・アシスタントとして渡米した。

2003年には渡英。勤めた会社で、ついに憧れのハリウッド映画の制作という仕事に携わることができた。しかし、自分の作ったものが、世の中をよくする分野で力を発揮したい、そう考えていた2016年、フレームストアという世界的なVFX*（ビジュアル・エフェクツ）スタジオが制作した「マーズ・バス」というVR*作品を目にした。

「バスの窓にCGで作られた火星の風景が流れ、バスの動きも相まって子どもたちは、まるで火星に降り立ったかのように臨場感を持てる。夢を与えられる仕事だと思った」

そこで、この会社にみごと転職を遂げた。イギリスのVFX業界の最大手で、有名映画作品のVFXを担当し、早くからVRの制作にも取り組んでいる勢いのある会社だった。田中さんによれば、世界的にはVRは第二次ブームで、さまざまな分野でVRやAR*技術を使った新しい表現や試みが行われている。今、田中さんには、こんな夢がある。

「今後は、子どもたちの教育にVRを使って伝えていくようなものを開発したいのです。たとえば自由学園の創立者の背丈を感じられるようなもの。恐竜が、ビルの何階分だと教わってもピンとこないですが、目の前に現れれば、サイズ感はよく伝わりますよね」

国際的に活躍する人になるには何が大切かと聞くと、「僕には後先考えずに行動する、無謀なところがある。でも後輩たちに伝えたいのは、とにかく行動すること。一歩踏み出さないと何も起こらない。それと世界は広い、日本の基準に合わせることはないんだよ、と言いたいです」

2020年から田中さんは、最高学部の学生にCG技術についてオンラインで教え始めた。

【VFX（ビジュアル・エフェクツ）】
視覚効果。現実には見ることができない画面効果を実現する技術。

【VR（バーチャル・リアリティ）】
人工現実感、仮想現実と訳される。VRにより、限りなく現実に近い体験が得られることを示す。

【AR（オーグメンテッド・リアリティ）】
拡張現実と訳され、現実世界に新しい情報を付加すること。

【対談】——❶

物事の本質をつかむ人間力は、どのように鍛えられたか

共同通信社論説委員

太田昌克 Ota Masakatsu

1968年生まれ。早稲田大学政治経済学部卒業。共同通信社に入社し、広島支局、政治部、ワシントン支局などを経て現職。2006年度ボーン・上田記念国際記者賞受賞。2020年より「報道ステーション」にレギュラー出演する。

×

日本経済新聞社コメンテーター

秋田浩之 Akita Hiroyuki

1965年生まれ。自由学園最高学部卒業後、日本経済新聞社入社。米中関係や北朝鮮問題の分析や論評で2018年度ボーン・上田記念国際記者賞受賞。2度の海外駐在、政治部、論説委員などを経て2017年より現職。

自由学園の創立者である羽仁夫妻は共にジャーナリストだった。その流れをくむ卒業生も数多い。卒業生の秋田浩之さんと、第一線で活躍する太田昌克さんは、同時期にワシントン駐在、互いに国際報道に貢献した記者を表彰する、ボーン・上田記念国際記者賞を受賞している。その二人が、自由学園の教育について語り合う。

人間を鍛える学校

太田 自由学園っていうのは、日本の教育システムにおいては、いい意味で特異な存在ですよね。

秋田 ええ、かなり。私の実家は公立中学校の正門の真ん前にあって、当然、そこに行くものだと思っていたら、母親が『婦人之友』誌を購読していたもので、そこから自由学園のことを知りました。小学校6年の夏休みに自由学園の木工教室の体験会に参加してみて、こんな学校があるの

かと。ただ、子どもながらに、ここに入って、どうやって自分が実力をつけてやっていくのか、っていうのは、ちょっと考えた気がします。それであらためて寮生活を見に行って、「あっ、ここは本当にいいな」と思ったんですよ。

太田　はああ、寮生活を見て、これは自分に合っていると……。

秋田　人間を教育してくれる学校だと言われたんですね。詰め込みじゃなくて、人間を鍛えてくれる学校だったら、まあ、なんとかなるか、と。

太田　なるほど。中学、高校と進むうちに、何か実感するところはありましたか?

秋田　もう、そういうものを感じる余裕すらありませんでした。中学1年で親元から離れて、朝5時半に起きて、洗濯は全部手洗い。上級生は大人のように見えて、怖かったですね。寮では、掃除に風呂、食事など、全部、生徒が運営するんです。ここは生徒自らが運営する学校なんです。

太田　生徒が寮全体の運営をするということは、そこは、もはや一つの小社会、小地球ですね。

秋田　ひとつの王国。今、考えると、あそこは生徒が全部、統治しているわけです。

学校をよくするために入学を許されている

太田　小社会で生きていく中で、人間としての気づきは、いつごろから芽生えたのでしょう?

秋田　気づきといえるかどうかわかりませんが、2つのことがありますね。

中学から高校、最高学部(大学に相当)卒業までの10年間、ほぼ一緒に生活するわけです。そうすると、初めはすごく嫌な奴でも、気が合わない奴でも、ずーっとつき合っていると、本当に嫌いな人はいないな、ということが、まずわかりますね。

頑固な人っていうのは意志が強いということだし、優しい人は、時々、優柔不断になることもある。だからよいところを見てつき合うといいんじゃないか、と。それは、相手から見ても同じことだから。よく言えば、性善説の人になりますね。もっと言えば、必ずこの人とは仲よくなれるという自信がつきますね。

もう一つ、非常に大きなことなんですが、自分自身が学校に教育してほしいと思うと、必ず失望するんですね。

実は中学1年のときに、一度、やめようと思いました。全然、自分の理想と違うと。それである先生に相談すると、こう言われたんです。「学校によい教育をしてもらって、与えてもらおうと思うと、それは失望だらけになる」と。会社でも同じですよね。今でもそれが糧になっていますよ。

太田　与えてもらえるものだと思ってしまうと、ダメなんですね。

秋田　そもそも「学校をよくしてもらうために、入学を許されている」と言い切っているくらいの学校ですから。

今、考えると、中学1年だったら、掃除とか、食事をちゃんと作るとか、悩んでいる人がいたら相談に乗るとか、与えられた持ち場の中で、自分でできることをやる、ということだったのかなと思うんですよ。これを10年間、心底、体験して、習い性的になってしまうのが自由学園。結果的には、それができる人は、どんな社会に身を置いても同じようにできるようになる。

太田　非常におもしろい。性善説という話ですが、よりよくこの社会で生きていきたいという、人間が本来、持ち合わせている生存権の行使みたいなことを実践で学んだということでしょうか。

秋田　そうですね、自治の単位としては、高校3年、学園では6年生と呼びますが、彼らが一番、責任をもって、委員長とか寮長とかをやるわけです。そういう役職に就かない人でも、必ず8人部屋の室長になって、中学1年から高校2年までの室員をまとめて運営するわけですよ。

私が室長のときは、寝小便を毎日してしまう子がいました。その子のために、毎朝、目覚ましをかけて、漏らしてしまうより先に起こすとか、やっていましたね。こういうことは、会社に入ってからでは身につかないですから。

太田　社会に出てみると、いろんな人がいます。秋田さんが自由学園で身につけてきたことを、あらかじめ持っている方もいれば、持たざる方もいる。学園での自治を通して「万人が平等に自己実現を図れるように」と、そのことを習い性となるよう教えられてきた、ということですよね。

どこに問題の核心があるか、どう解決するか、考えるクセが自由学園で身についた

秋田　太田さんはずっと核の問題をライフワークとして取

り組まれ、被爆者の立場からであったり、さらに国際問題の視点からであったり、とことん、やれるところまで入りこまれている。私から見ると、常に弱者の側というか、やさしい視点をすごく感じています。

太田 人間っていうのは本来、自分の権利を自由に行使して、あらゆる人が平等に自己実現を図れる社会で生きるべきだと思うんですよ。一番、よくないのは、不条理で不当な権力行使によって、その生存権が妨げられるということ。そんなことだけは絶対にあってはならないと。

国際政治の舞台では、国力に大きな差があったり、互いの主張がかみ合わなかったりして、今もいさかいが起きているわけですが、秋田さんの目にはどのように見えているのでしょう。自由学園で学ばれたことが、国際政治を見つめる視座としてどう生きていると思われますか。

秋田 突き詰めて考えたことはなかったですが、今考えてみると、いくつかありますね。自由学園の生活では、常に、今こういうことが起きていて、どういうふうに解決したらいいのか、そのためには一人ひとりがどう動けばいいのか、ということを経験しますから、知らず知らずのうちに、国際問題の本質であったり、どこに問題の核心があるのかな、ということを考えるクセが身についていく。

ジョージ・W・ブッシュ政権が仕掛けたイラク戦争（2003年）時、ワシントン支局に赴任していて「なぜ、アメリカがイラク戦争に突入するのか」について深掘りした連載を書いていました。アメリカのメディアは、「石油が欲しいんじゃないか」「イスラエルとのつながりがあるからじゃないか」などと書いているんだけれども、僕が思ったのは、同時多発テロ（2001年）でアメリカは自分の国を攻撃されたものだから、ブッシュはクリスチャンが「善」、イスラムが「悪」という、単純な勧善懲悪的な図式をつくり出し、自分たちを「クルセーダー」と呼んで、聖戦に仕立ててしまったんじゃないかということでした。

なぜそれが書けたかというと、知識とかリサーチ力というより、自由学園での生活が大きかったと思います。

核の傘が必要という意見はヒューマニティから外れている

太田 私は民主主義の世の中ですごく大事な要素として、よく「パブリックトラスト」のことを話しています。それは要するに、代表として統治する者に対する市民の信頼、それから統治される市民同士の信頼関係ということですが、自由学園の寮生活では、室長がいて、室長と他のみなさんとのパブリックなトラストも必要だし、統治される側のきずなも重要なパブリックトラストでしょう。

秋田　そうですね

太田　縦と横、その両方のパブリックトラスト。これは、今の日本の政治にも問われていることですが、国際社会になると、歴然とした力の差があって難しいんですよ。今日、お話を伺って、自由学園で身につけられたものが、今の大きな仕事につながっているのだろう、と実感しました。

秋田　ありがとうございます。私からも伺いたいのですが、太田さんがジャーナリストとして今までやってこられた、原動力は何だったとお考えですか。

太田　実はね、今も、自分自身、もがいている状況なんですよ。

　1994年、広島支局時代に初めて原爆小頭症の方の取材をしました。米軍岩国基地の斜め向かいにある散髪屋さんのおじいちゃんに、48歳の娘さんがいて、その子が原爆小頭症で。2時間ほど話を伺って、席を立とうとしたときに、おじいちゃんが広島弁でぼそっと言ったんです。「わしはどげんなってもええじゃけんの、この子、どげんしてくれるんじゃ」と。日本が戦争して、原爆落とされて、こんな目にあって。自分が死んだらこの子は一体どうしたらいいのか……と。

　親としての不憫さというか、これはとてつもないことが起きているんだ、ということを、そこで、思い知らされたんです。一方で、国際政治を見ると、平和維持のための抑止力だの、核の傘が必要だのという意見がまかり通っている。現実として確かに依存している部分があるわけですが、だけどこれ、ナイーブな言い方かもしれないですけれど、人間性とか人間道徳とか、ヒューマニティとヒューマニズムからは、外れていると思うんですよ。

秋田　そういう原体験は大きいですね。

　僕の場合はどうだろう、と考えてみたんですけれど、確かに、自由学園の自治の体験があるから、地球や社会や国際政治を見て、物事の本質をつかむことができる。しかし、これは、ある意味では、技能の問題で、僕が戦争を追い続けるエネルギーは、そこだけから生まれてくるわけではないんです。

北京支局で1996年の台湾海峡危機を目の当たりにして、ワシントン支局時代には同時多発テロに遭遇して、アフガニスタン戦争が起きて、連日のように国防総省で戦況を取材することになった。その後はイラク戦争。そのとき思ったのは、戦争ってけっこう簡単に始まるんだなと。そうすると日本も、危ないかもしれないと思って。それからずっと、安全保障とか外交に関心をもっているわけです。

僕にとっては「戦争を二度と起こさない」ことが、太田さんにとっての核問題と等しくあるんです。国際ジャーナリストとして、そういうものを追求して自分が書く。もう書かずにはいられないんです。

太田　職責というか、そこを果たし続けたいというね、そのミッションですね。

人が人に対してより優しくできるような人間力が形成される

秋田　自由学園というのは、それ自体がひとつの社会だから、そこに入れば、誰もが責任をもって組織を運営する、いわば統治していくことになるわけです。責任をちゃんと持つから、同時に自由も与えられる。自由学園の〝自由〟とは、そういうところからくるわけです。これを経験していれば、どんな職業に就こうとも通用する見識と人生観と そして何よりも人間力がつくと思います。

もう一回、自分が生まれ変わっても、自由学園みたいな学校があれば、また入ってみたいと思いますね。

太田　私は地方に生まれ育って、高校と大学の入学時には受験勉強をして、就職試験があって、非常に競争の厳しい社会で生かされてきました。今も、「人に負けちゃいけない」とか「あの人よりも」とか、ある意味、排他的な自分、攻撃性のある自分が影をのぞかせることがあります。

秋田さんのように、自由学園で10年間、寮生活を営んで、小社会をどう運営していくか、といったことを実践していたら、人が人に対してより優しくできるようになるのだろうと思います。

だからなんていうんですかね、包摂性というか、包容力のある人間力の形成、というのを、この自由学園ではなさっているんだなぁ、とあらためて思いました。

秋田　いやあ、太田さん、自由学園出身じゃないのに、すっかり学園のことを理解されてしまいましたね。

【対談】——❷「ものを見る眼」とその原点　世界のどこにいても

世界の博物染織品に、
歴史や風土、人の営みを見つめて
半世紀余りのコンサバター。
変わりゆく時代の中で、
人々の暮らしの「いま」と向き合う、
『婦人之友』編集者。
ふたりの「ものを見る眼」は、
どのように培われてきたのでしょうか。

染織美術品保全修復員
梶谷宣子 Kajitani Nobuko
1955年自由学園女子最高学部卒業。同学園工芸研究所へ。66年よりメトロポリタン美術館美術品保全修復部で染織品を担当し、73年部長に。ニューヨーク大学美術研究所美術品保全学教授もつとめた。メトロポリタン美術館終身名誉館員。

×

『婦人之友』編集長
羽仁曜子 Hani Yoko
1987年自由学園女子最高学部、92年国際基督教大学（ICU）卒業後、ジャパンタイムズに入社。報道部、生活文化部で記者。ロイター・ジャーナリズムフェロー。2008年夏より婦人之友社、10年より現職。羽仁吉一は大叔父にあたる。

ニューヨークのお宅は留学時代の支えだった

羽仁　お久しぶりです。このお部屋、懐かしい！　京都なのに、1990年代初めに何度も泊めていただいた、ニューヨーク・マンハッタンの梶谷さんのお宅そのまま。同じ匂いです。

梶谷　屋内の埃ごと大切に持ち帰ったのでしょうね。

羽仁　当時は、メトロポリタン美術館の染織品保全修復員《コンサバター》として、とてもご多忙な頃でしたね。
　私は自由学園を卒業してから学んだICUの交換留学生として、ボストンの西、アマーストの大学でアメリカ思想史を勉強していました。授業は厳しく、張りつめた気持ちでお電話すると、「忙しいから、お世話はできないけれど、どうぞいらして。鍵を預けておくから」と言ってくださり、本当にうれしかった。
　バスに揺られて4時間。殺伐としたバスターミナルを走るように通り抜け、74丁目3番街のアパートへ。ほっとひと息ついたものの、玄関のドアの鍵を開けられず……。
梶谷　そう、ずっしりと重いドアの鍵は一回転して、もうひと押ししないと開かない。
羽仁　梶谷さんがカッカカッと靴音軽やかに帰ってこられ、「おかわいそう」と、くくくと笑って（笑）。私に限らず、よく若い人を泊めてくださっていましたね。
梶谷　日本語で忌憚なくお話できるのが楽しかったのでしょう。
羽仁　お忙しいのに、朝はいつも挽きたてのコーヒーを。「挽いてから時間が経つほど味が落ちるのよ」と、おいしい淹れ方を教えていただいて。
　その一杯を手に、台所の窓から下の通りを眺め、さっと美術館に向かわれる。自分の暮らし方を、凛として持っておられることに、憧れを感じました。そして、置いてある物にそれぞれ物語や歴史を感じるあたたかいお部屋が大好きでした。
　私は束の間の週末、街や公園を散歩したり、美術館を訪ねたり。初めて、暮らしを通して外国に触れる体験をしたのです。梶谷さんのお宅はニューヨークの「わが家」となり、留学時代の心の支えでした。

すべて学園で学んだことの延長線上に

梶谷　メトロポリタン美術館には、5千年以上も経ったエジプト王朝時代の亜麻の衣から、グラスファイバーや金属線などを使った現代の彫刻的な鑑賞作品まで、4万点を越す染織品が収集されています。
　文化、地域、年代、材料、技術、文様、用途もさまざまなそれらを、観察、理解、解釈、鑑定。各点が異なる現存の状態から、それぞれに適した環境、日数などの管理や展示の条件、方法などを図って、日々遂行するのが私たちの仕事でした。

私にとっては、そのすべてが自由学園で学んだことの延長線上にありました。学園では、たとえば労作の時間や、行事の際の展示などを通して、まず企画の全体を見て、最終目標を理解、計画し、それを正しながら進めていく手はずを、私たちは学んだでしょう？　そのような仕事の仕方は、経験を重ねて身につけられました。

羽仁　染織品や古い物に関心を持ったのは、旧家に育ち、古書や古い調度品などに囲まれていたから、と伺います。

梶谷　それに、構内に遺跡がある学校は、そうないでしょう？　自由学園には大芝生の下をくぐって流れている立野川の流域に散在する、縄文時代中期の遺跡があり、発掘され、研究されていました。それが物に対する理解力を備える、私の考古学の事始め。後のち、中東や南米の遺跡で染織品の調査をする私の仕事に役に立つことになるとは、思いもしませんでした。

もともと、そういうことが好きというか、物作りに生まれついているのですね。

多様な人の中で〝自分〟に向き合う

羽仁　梶谷さんが何千年もの人の歴史や営みに向き合ってこられたとすると、私は今日の暮らしや、いま起きていることを書く記者として、過ごしてきました。

「新聞記事は歴史のファーストドラフト（初稿）」という言葉があります。

そして、小さな声に耳をすます仕事だと思っています。権力があったり、大きな組織の人の声が響く中で、小さな声、少数の声に耳をすます、目立たない小さな動きに目を凝らすのがジャーナリズムだと学んできました。

梶谷　アメリカでは大きな声で話す人の意見が、よく通ります。日本もそうなりかかっているから、とても大切な仕事ですね。

この道を志されたのは、いつ頃からだったのでしょう？

羽仁　ずいぶん遡りますが、私は中学2年で英語を学んでいたとき、日本で当たり前と思っていることが、他の国では当たり前ではないことがあるのだと、驚いたことがありました。それで外国や外国語に興味を持ち、もっと知りたいと、当時の最高学部を終え大学へ。卒業後はジャパンタイムズに入社し、英語で記事を書くようになったのです。

英語で情報を取りながら日本で暮らす人の視点で見ると、ふだん見えないこの社会の側面や課題が見えました。教育問題取材も、政治取材も、外国語を使って生きる、日本では少数派の視点で考える大きな体験でした。

職場では、受けてきた教育も、食べてきた物も、住んでいた所も、話す言葉も違う人たちと。一口に英語と言っても、イギリス人、アメリカ人、インド人、カナダ人の英語など、みんな違います。

「よい仕事をしよう」ということぐらいしか共通点がない中で、一緒に働き、言葉の違いだけではなく、コミュニケーションの難しさを、痛感する日々でした。背景の違う人と共に一つのことをする中で、ガツンとくるようなショックもたくさんありました。

梶谷　それは私もありましたよ。でも、悪いことではない。

羽仁　はい、お互い影響し合いながら物を作っていくのは興味深かったです。その中で自分と向き合い、自分になっていった。そしてその土台に、自由学園で学んだことがあると感じています。

「ヨクミル・ヨクキク・ヨクスル」の大切さ

羽仁　梶谷さんは、なぜアメリカに行かれたのですか？

梶谷　バウハウスの流れを汲む「イッテン・シューレ」に学んで、自由学園工芸研究所（現・生活工芸研究所）を創設された山室光子先生はじめ8回生（1930年・女子部卒業生）の教えを受けて、私も創作織物をしたいと思ったのです。それで、アメリカで知られていた20世紀の手織物を選びました。

羽仁　まだ1960年代初めのこと、勇気がありましたね。

梶谷　私の曾々祖父（榊令輔）は蘭学者で、徳川慶喜の沼津兵学校で日本で最初に洋画を教えたとされている人。息子3人はドイツに医学留学しており、海外へ行くのも、さほど遠いと感じていなかったのでしょう。

アメリカで博物館や美術館に通ううちに、美術館で働くようになりました。望んだというより、「棚からぼた餅」で。目の前に、それまで聞いたことのなかった、博物染織品を手で扱う仕事があったから一生懸命にしただけ。人は、51パーセントはまず運があり、残りの49パーセントの中で与えられた運にある仕事をわきまえて、責任を全うする。

羽仁　なるほど……。梶谷さんが入られる前、メトロポリタン美術館には、染織品の保全修復を専門とする館員がいなかったのでしたね。

梶谷　当時はどの美術館にも、その職位はありませんでした。それで、予算はあるのに人材がなく、探しており、外国人で永住権を持っていないような私を雇ったのでした。当時は絵画の修復は教えていても、染織品について教えている大学はなく、ワシントンにある染織美術館で博物染織品保全の仕事の研修を、1年半終えたところでした。でも、その仕事で有意義な一生を楽しく送ることになるとは思いもしませんでした。

羽仁　切り拓いていかれた。

梶谷　自由学園で培っていただいた私に、合っていたのでしょう。

　美しい南沢の自然と、フランク・ロイド・ライトの息吹を感じる校舎で過ごした8年間、そして自由学園明日館の工芸研究所での5年間に手織物をはじめ、人々と共にある美術工芸を作りだす感性が養われました。和裁も洋裁も基礎を教えていただいて、困ることはありませんでした。

羽仁　一番初めのお仕事は何でしたか？

梶谷　紀元前500年くらいのペルーの布を修復しました。穴があいていれば繕う、シミがあれば洗うのではなく、なぜ穴がこの位置にあるのか、それはどのように修整するのが適切か、と見極めて。よく見れば、どうすべきかが自ずとわかる。

羽仁　「ヨクミル・ヨクキク・ヨクスル」（羽仁もと子著作集第18巻『教育三十年』）の「ヨクミル」ですね。この布はどんなふうに使われていたのだろう、と想像しながら。

梶谷　展示をするには、これが15世紀で、こちらは18世紀と、染織技法の基礎を理解していれば、染織品そのものが応用のひとつを示してくる。

　美術品に不正確な説明がされていることがあります。紡いだことも縫ったこともない美術史や化学が専門の人たちが書いているのですから。文様と歴史書で正しく判断していても、物としての美術品は違います。一方私は、こういう機《はた》で織られている特徴があるのでこの年代と、実物を解釈します。材質的、技術的な違いは歴史を反映していますから。

　論文をなかなか書かないのも、一つはそのせい。織り幅

梶谷さんの部屋には、世界の美術品や思い出の作品と並んで、創立者の写真が。

が一ミリなのか、2ミリなのかは、現地に確かめに行かないと。一ミリと2ミリでは倍違う。糸が何本だから、これは中国、これは日本と産地がわかります。それも、学園で機を織っていたからわかることです。

羽仁　「ヨクミル・ヨクキク・ヨクスル」は、記者にとっても非常に重要。昨日と今日の小さな違いに気づき、そこからニュースを見つけます。

梶谷　週日はきっちり仕事をして、5時以降と週末は自分の勉強に没頭する日々でした。

羽仁　そのようにして40年間。ニューヨーク大学で講義もなさるまでに。

梶谷　美術館界は、伝統的に素材と技術の経験がある人を専門的に雇う組織ではなかったのです。どのように何の素材で作られたかを作品に探れば、いつ、なぜそのような物が発達したのかわかってくる鑑識眼を私は培われていました。染織品は生まれた土地、そこの天候、水や光、周囲に育つ植物などによって、できあがるものに特徴が自ずとあります。そこの暮らしや習慣によっても。

羽仁　そのようなことを知ると知らないとでは、見えるものがまるで違ってきますね。

視野を広げるということ

羽仁　記者になって十数年の頃、イギリスでジャーナリストのためのフェローシッププログラムに参加しました。日々、ノンストップの仕事から離れて、学び考える時間を持ちたくて。

同じぐらいの経験のある記者が15カ国ほどから一人ずつ、オックスフォード大学のロイタージャーナリズム研究所に集まって、たとえば気候変動をそれぞれの国でどのように考えているかや、報道の問題などについて話し合ったり、各自のリサーチをしたりしました。これも各国、各記者、個性があり、おもしろかった。

梶谷　部屋探しも大変だったでしょう？

羽仁　そうですね、いい経験でした。代々その町に暮らしてきた方の古い家の部屋を借りたのですが、広い庭に美しい花々が咲き乱れ、ランドレディーはガーデニングが大好きで。毎年、11月頃からクリスマスのケーキを仕込んで、注射器のようなものでブランデーを週1回、ちゅっちゅっと入れて（笑）。

京都市錦小路近く、梶谷さんのお宅で。

日本に帰っても、いまごろ彼女はちゅっちゅっと入れているかな、と思うと、楽しくなります。知り合った記者たちも自分の国で、それぞれが抱える問題に取り組んでいるんだなと想像する。彼らの顔や暮らしが浮かぶということが、私の視野を広げる助けとなっています。

私がいま作っている『婦人之友』も、毎日の生活を大事にしている雑誌で、暮らしから社会を見たり、問題を考えたりする「生活者の視点」があります。日々のささやかな人の営みは、物作りも含めて、とても大事だなと、梶谷さんのお話を伺って、改めて思いました。

地球上には、いろいろな言葉を話す人たちがいて、それぞれの営みがある。必ずしもそこに行かなくても、それを自分の住むところで意識して、感じることができる——そういう人が増えていく「グローバル化」だといいなあと思っています。

基礎があるから応用ができる

羽仁　生徒の頃、学園の先生方は自由学園の思想や創立者の願い、そして物を作ることや、料理をすること、掃除をすることなど、手を動かす大切さを真摯に伝えてくださいました。「世の中の流れはこうだけれど、こう考えるのはどうか」と自分の頭で考えましょう、と。

思春期の年代ですし、私たちはわからなくて、反発したり。でも、世の中について問題意識を持つことを学んだこと、考える機会、悩む機会を与えてもらったのが、とても貴重だったと感じます。

梶谷　私も学園で生活する中で「基礎」を学び、物事の本質に目を向けることができるようになりました。確かな基礎があってさまざまな応用が可能ですが、最近は基礎なくその応用から考え始めるので、本末転倒。議論が延々と応用線上で、終結することなく続きます。

ミセス羽仁（当時の生徒たちは親しみをこめて、羽仁夫妻を、ミセス羽仁、ミスタ羽仁と呼んだ）は１９５２年頃、「原理と手続き」として、応用だけではなく、基礎を身につけて生活するように礼拝で取り上げてくださり、感謝しています。

これからも、自由学園はそれを日常に取り入れた、考える習慣を培う教育の場であるようにと願っています。

6/6 【自由学園と私】

自由学園「非戦」の絆

文学博士
渡辺憲司
Watanabe Kenji
1944年北海道生まれ。立教大学文学部日本文学科卒業後、中学・高校の教諭などを経て立教大学文学部教授を経て名誉教授に。立教新座中学校高等学校校長、2010年8月〜15年3月、その後2021年3月まで自由学園最高学部長。専門は江戸文学研究。『いのりの海へ』(婦人之友社)『生きるために本当に大切なこと』(角川文庫)など著書多数。

自由学園最高学部長として6年間在職した。『明日の友』に2004年から6年間「たまさか紀行」を連載し、それをまとめた『いのりの海へ』を婦人之友社で刊行したので御縁はあったが、南沢の自由学園についてほとんど知らなかった。

リトアニアへ江戸の文化講演に行ったとき、聴衆の日本人3人を夕食に誘い、ビルニュスの街を歩いていると、後ろで自由学園を語る楽しげな会話が聞こえた。もちろんそのとき、私が学園に行くことは誰も知らない。声の主は、リトアニア在住の自由学園出身の女性であった。私はそこではじめて自由学園の魅力を知った。着任1年前のことだ。魅力は記憶の糸をつなぐ。その後講演に行ったバンクーバーやロスなど、世界の各地で卒業生や友の会の方に声をかけていただいた。台湾の輔仁大学では、戦前、中国大陸に置かれた自由学園北京生活学校と関係があったと聞いて驚いた。輔仁大学は戦前北京にあり、1962年台湾で再興されたカトリック系大学だ。北京生活学校は、戦後、輔仁大学長を校長に迎え女子北平生活学校と名称を変え継続された歴史を持つ。2020年富山へ紀行取材で行った折は、土産の自由学園のクッキーを礼賛する寺の奥様の饒舌が住職を動かし、難しいと評判の仏像の撮影許可を得た。

自由学園のヒューマンネットは底が深い。

今年99回目の自由学園最高学部卒業式はコロナ対策で、校歌は伴奏のみ。何とも口惜しい無言の校歌であった。今の思いを深く刻みたく〈校歌と非戦への思い〉と題した。校歌「自由をめざして」が、創立10年後1932年（昭和7年）4月の卒業式で、生徒の作詞によって作られたこと。そして、この年5月2日、羽仁もと子先生がフランスニースで行われた「新教育世界会議」出席のために横浜を出帆、洋上にあったとき、陸軍士官学校学生を中心とするテロ5・15事件が起きたこと。先生が、ニース会議において、「今にして世界中が悔い改めなければ第二、第三の満州事変、上海事変も世界戦争も起こりうるでしょう」「私はことに中国と日本の関係が困難なものになって以来、たとえ私の愛する学校の職務から一時的に退くことになろうとも、実際の平和運動に身を投じなくてはならない」と平和への強い思いを語っていること。日本国民の多くが満州侵略に拍手喝采し、戦争への道を歩みはじめていたこの時に、この発言にははかりしれない自由への勇気と、〈非戦〉の思いが込められていると話した。

内村鑑三が、日清戦争時の「義戦論」から日露戦争時には「非戦論」へと転換したことを思い出したのは、2001年9月、WTC（ワールドトレードセンタービル）が崩壊したアメリカ同時多発テロのときだ。その頃私は、米国議会図書館所蔵の日本古典籍の目録作りで、夏休みはほとんどワシントンだった。このとき間近で、米国民のイラクへの敵視感情が異様なほどに一つにまとまり、愛国心をむき出しにしているのを見た。米国の参戦は、「正義の戦争」とも呼ばれた。そのときこれは、日本が泥沼の日中戦争に入り込んだ「義戦」に似ているのではないかと思った。直後の2002年1月『非戦』（幻冬舎）が刊行された。この本との出会いについては、拙著『生きるために本当に大切なこと』（角川文庫）で、17世紀のペルシャの詩人の言葉「敵を愛する秘訣は、牡蛎に学ぶべし。ナイフに切り裂かれても、相手に真珠を授けるのが愛の道」を引用し紹介した。監修の坂本龍一氏、翻訳の中心となった枝廣淳子氏、執筆のオノ・ヨーコ氏ら自由学園に連なる人たちで『非戦』が作られたと知ったのは、学園に来てからだ。

豪雨と雷鳴の卒業式、「見よ火の柱　雲の柱の　我らの前に　常に進むを　日々にゆたけき　たまものうけつ　めざす自由をついにかちえん」と声高く歌えぬ校歌を、コロナ禍でこそ忘れてはならないと以下のように結んだ。

「正義の戦争、やむなくやらねばならない戦争、報復の戦争の正当化、それらを認めることは、非戦の思想から最も遠い位置にあります。戦争そのものの存在を否定するのが非戦です。敵国を作ってはならないのです。そんな理想論、現実は違うというかもしれません。しかしわれわれ日本は、敗戦によって『敗者の誇り』を有したのです。それが、永久平和を希求し、戦争を放棄した日本国憲法です。軍備を持たないと誓った憲法です。それは奇跡の思想なのです。『火の柱』『雲の柱』のもとで大地が引き裂かれ、自由へといざなう出エジプト記の思想と言ってもいいのです。校歌『自由をめざして』のまさに思想なのです。私はそれが創立者の根底にある思いであることを疑いません。

今年卒業する諸君は、中学1年入学式の直前に東日本大震災に遭遇しています。津波そして悲惨そのものの福島原子力発電所の事故を目の当たりにした世代です。12歳の春、諸君の瞼に焼きついた悲劇をくり返してはならないのです。非原発の旗を掲げてください。過去の日本が敗者であることを誇りにしたように、悲劇を前進の誇りとして欲しいのです。原発そのものが無くならなければならないのです。曖昧な妥協を許さない世代になってください。非戦の思想は、まさに非原発の思想と一にするものです。10年前の悲劇をもっとも長く後世にシビアに語り継ぐことのできるのは諸君です。巣立ち行く諸君。君たちは歴史の教訓を背負っているのです。自由学園出身の社会人の絶対必要条件は、歴史を学ぶことです。地震も津波も洪水も、感染症の流行も必ずやまたやってきます。日本国民の38万人もの命を奪ったスペイン風邪がようやく終結した1920年の翌年、感染症を乗り越え自由学園が歩み始めたことも、100周年のこのときに忘れてはならないのです。

戦争も、原発事故も回避できるのです。非戦・非核は人間の力で成し遂げることができるのだ。コロナ禍、動揺を重ねる今こそ、私はこの大切な人間の意志を諸君と共有し、誇らしく自由学園校歌を胸に刻みたいと思います」

池袋で一番好きな場所は、明日館の喫茶室。壁に描かれたフレスコ画は、出エジプト記をテーマに生徒が描いたもの。フレスコ画は一筋の光をも吸いこみ、時々にその姿を変える。100年の光に包まれ浮き上がる光の子の自由の歌と午後の紅茶は、静かな誓いと安らぎのときだ。

学園長インタビュー

「共に生きる」をみんなで考えたい

初等部2年生の教室に続く廊下。
一人ずつ名前が書かれたコートかけがあり
制帽とコートがきれいに並んでいた。

【学園長インタビュー】

×

自由学園学園長
高橋和也 Takahashi Kazuya
1961年生まれ。
自由学園男子最高学部卒業。
早稲田大学大学院教育学研究科修了。
86年に自由学園の教員となり、
2016年に第6代学園長に就任。
共著に『子どもが自立する学校
〜奇跡を生んだ実践の秘密』
(青灯社)がある。

【聞き手】
コミュニティデザイナー
山崎 亮 Yamazaki Ryo
1973年生まれ。
studio-L代表。
地域の課題を地域に住む人たちが
解決するためのデザインに携わる。
著書に『コミュニティデザイン』
(学芸出版社)、『縮充する日本』
(PHP新書)など。

100年前、創立者羽仁もと子・羽仁吉一が掲げた教育理念を大切にしながらも、新しい自由学園をつくり出すことに情熱を燃やす、第6代学園長の高橋和也さん。自由学園にシンパシーを感じるというコミュニティデザイナーの山崎亮さんを聞き手に迎え、教育について、社会のあり方について、存分に語っていただきました。

自分たちの社会をつくる

山崎　高橋学園長には、一度お目にかかったことがあるのですが、今日は初めて自由学園に伺いました。僕が自由学園のことを知ったのは、ジョン・ラスキンやウイリアム・モリスやトマス・カーライルを追いかけて学び、民芸やアーツ・アンド・クラフツの思想を行き来して、地域社会主義のような考え方がいいなと思っているときでした。本を読んだり高橋さんの記事を見たりしていると、「そうだなあ」と納得することばかり書いてあって、とても気になる学び舎だったんです。

　一方で、羽仁もと子さんの名前だけはずっと前から知っていました。この本（『子供読本』羽仁もと子著作集第12巻

／婦人之友社）が家にあったからです。

高橋　えっ、なぜその本を持っているんですか？

山崎　僕は大阪府枚方市で育ったのですが、ある人が家の一部と庭を開放して開いている幼稚園のようなところに通っていたんです。卒園するとき、園長さんが全員にこの本をプレゼントしてくださって。内容が大好きだったので、大人になってもことあるごとに読んでいました。これを書いた人が自由学園をつくった人だと後になって知り、「自由学園の思想が自分の考えとフィットする理由が、この本にあったのか」とわかったんです。

高橋　びっくりしました！

山崎　今日は初めて自由学園に伺い、案内していただいて、おうちも見せていただいたでしょう。

高橋　羽仁先生記念館ですね。

山崎　ちょっとしびれました。ここで原稿を書かれたんだなと想像しながら見ていました。

高橋　今日は生徒たちが食器を洗っている様子も見ていただきましたね。

山崎　はい、見ました。

高橋　食事も生徒たちが作りますが、食器洗いや物の管理など生活の土台から自分たちで行っています。すると、自然に自分たちの社会をつくる感覚になっていくんです。

山崎　なるほど。

高橋　「なんでやってくれないんですか」と文句を言うのではなく、「これは自分たちでする」という感覚になることが大事です。

山崎　本当にそうですね。公立の学校とはかなり違うと思いますが、生徒さんたちはどういう感覚でここにいるんでしょう。他とはちょっと違うという意識が、あるのでしょうか。

高橋　小学生はそれほど意識していないと思いますが、中学生になると「自治」という言葉を使うようになります。

山崎　そんな言葉、使いませんよね、普通。

高橋　この学校で一番大事なのは自治です。しかも、その前に「自ら労する」と書いて「自労自治」という。これは広辞苑にも載っていない言葉なんですよ。

山崎　そうなんですか。

高橋　学校というのは大人がお膳立てしてくれるところ、子どもはそこに通って知識を身につければいいという発想ではないんです。その発想だと子どもは学校の「お客さま」

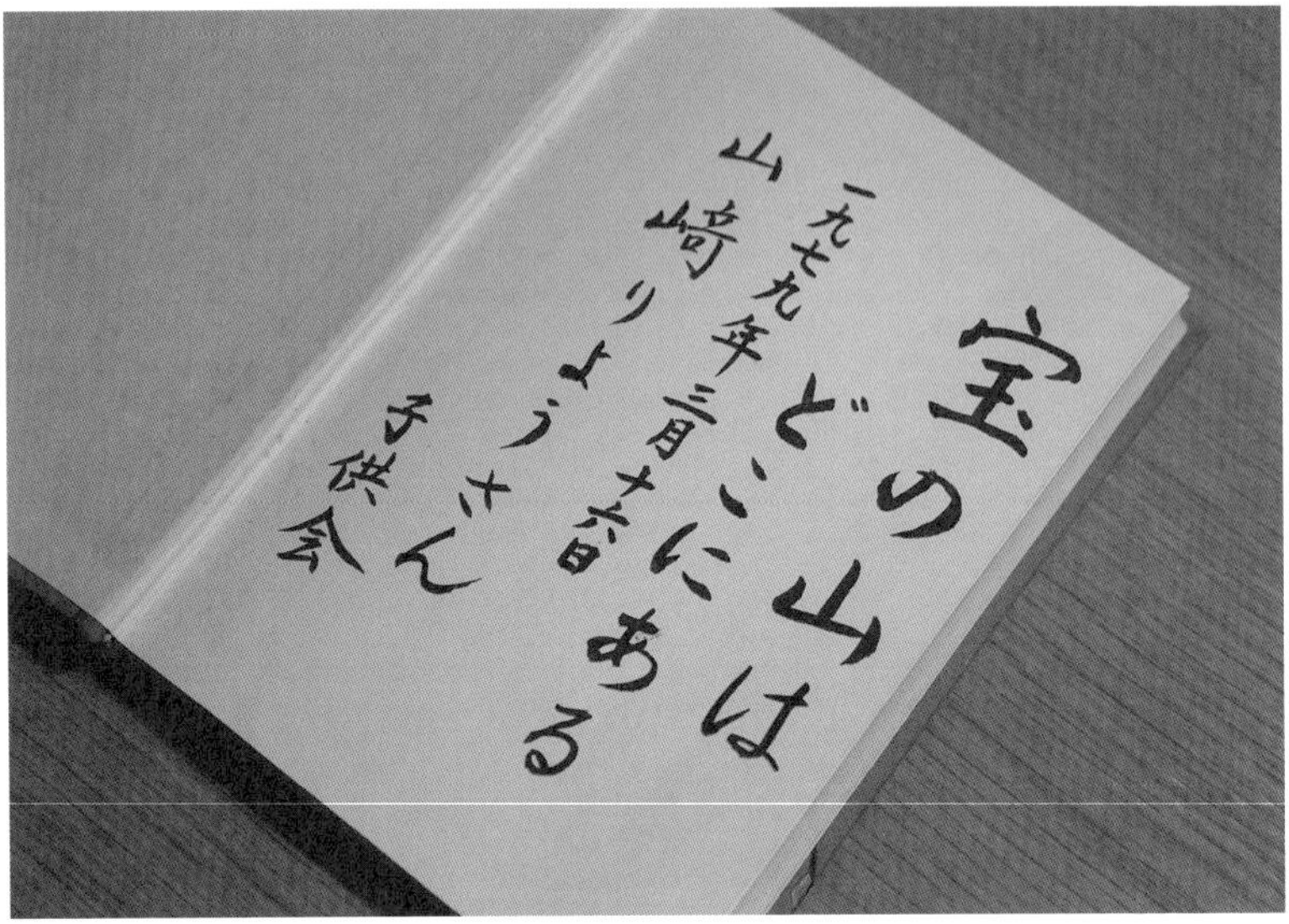

山崎さんが幼少時代から大切に持ち歩いていた、羽仁もと子著作集『子供読本』

になってしまい、お客さまの感覚を身につけてしまう。そうではなく、学校は民主主義社会をつくる人が育つ場として、「この社会をつくるのは自分たち」という実感が育っていくことを目指しています。

山崎　それが自労自治の学校ということですね。

高橋　生徒自身が学校を社会としてつくっていく。自分たちにはそのチャンスが与えられていて、お客さまではなく主人として、責任者として、ここで生活をつくり出している。そのような意識が、生徒たちの中で育っていると思います。

男がダメにした社会に入る必要はない

山崎　自由学園が男子部と女子部に分かれているのは、なぜですか？

高橋　もともとは女子の学校として出発しているんです。女子部ができたのが1921年、男子部は14年後の35年。文科省認可の中高の男女共学校はなかった時代なので、同じ敷地内で学ぶ自由学園型の共学といえます。

女子部ができてしばらくたった32年に、羽仁もと子はフランスで行われた世界新教育会議に出席しています。世界中が戦争に向かい始めたときでしたが、「平和な新しい世界をつくり得るのは教育だと思う」と訴えました。「教育というのは無力であり、社会の後についていくものだ」という批判には、「社会を追うのは事務屋の仕事。教育というのは、今ない未来をつくるものなんだ。あなたは教育者をやめて事務屋になった方がいい」と強烈な言葉で答えています。その後、アメリカとヨーロッパの学校を見て帰国。そのとき彼女は「これからの時代は男女共学だ。人間教育は共にあるべき」と語っています。

「女は教育を受ける必要がない」という時代に、「本当に人間が育つ教育をする、文部省の認可はいらない」と言って学校を始めました。その中で男女共学の話が出て、男子もこの路線でいくとなったとき、構想を語る座談会や先にできていた小学校の男子の親たちの中で議論が起きたんです。資格がなくて本当に大丈夫か、兵役の免除もない、と。

羽仁夫妻は同じ教室で男女を学ばせたいとしつつ、男の子には自転車の分解や時計の組み立てなど、技術を身につけさせる構想をかなりはっきり打ち出しました。この背景には男女の特性を活かすという考えと共に、女子とは異なる卒業後の自立への配慮がありました。このような状況の中、男子部がつくられたのだと思います。

山崎　なるほど。

高橋　羽仁もと子は男子の学校を創る前に、女性がもっと社会進出すべきだという人たちと座談会をしています。そのとき「女性だって男性と同じ権利を」という意見に対し、「どうして、男がつくってもう行き詰まってしまった社会に、後から入れてくれと言うのか」と言うんです。

山崎　その意見はたしかにそうですね。

高橋　男の我々としてはショッキングな言葉だけれど、確かに男性中心に築かれた近代社会は、勝つか負けるかで競争して、能力を競い合って、相手を攻めていく社会をつくってきました。これに対し羽仁もと子は、協力して互いに補い合い、命を守って地に足のついた生活をつくることを主張しました。そういう意味でとらえれば、大量生産・大量廃棄という時代から、環境や循環を考え、本当に持続可能な時代にしていく、この命につながる発想が、これからますます重要になると思います。

山崎　本当にそうだと思うなあ。男がダメにした社会に入っちゃいけないんですよ。そこで対等に戦えるようになったら、社会をダメにしていく人になるだけだから。

高橋　今、自由学園は、より魅力的な学校づくりに向かって「共生共学」を掲げています。単なる男女共学を超えて、今までの社会の価値観を新しくしていく。共に生きるってなんだろうと、みんなで考える。人間だけが共に生きるのでなく、自然の中で他の生命も合わせて共に生きる。そういうことをみんなで考えていきたいんです。

共に生き、共につくる学校

山崎　僕は、最近よく考えます。自分は異性を好きになるおじさんであるけれど、かわいいものが好きなんですよ。それなのに、40歳を過ぎるまでかわいいものを見てかわいいと言えなかった。どこかに「男らしく」という古臭い概念が残っていたと思うんです。かわいいことにこだわり、そういう仕事をしたいと思ったとき、「男がそれをやって家族を養っていけるのか」「食っていけるのか」ということが社会に渦巻いていたのだと思います。

高橋　それは今もありますよね。

山崎　女性の方たちは男性社会の中に入り込まなくていいと僕も思いますが、男性の社会自体を変えないと、僕らも息苦しくて。

高橋　そうなんです。だから「共生共学」もステップを踏んで、共に生きる社会を共につくる学校にしたい。本当は羽仁吉一の「自主独創」という言葉に揃えて「共生共創」と言いたいのですが、まず男女「共学」からなので。生徒に話すと「共生社会のための第一歩が共学なんですね」とスッとわかってくれる。男子部の中には、性の多様性の問題を考えるグループが何年も前からできていますし、幼稚園からの「性と生」の学びも進めています。

山崎　それはすばらしいですね。

高橋　大事なのは、私たち大人がジェンダーの問題をどう学内で理解していくかということです。私たち自身が、そのことにどれだけとらわれてしまっているかを勉強していくことがスタートだと思っていて、性と人権とジェンダーの学習会が、教員の中から立ち上がったところです。

山崎　男社会は意外と生きにくくて、学歴や社会的地位でマウントを取り合う男性や、男性社会に組み込まれて〝おじさん化〟していく女性もいます。でも、その意識を子どもたちにわかってもらうのは難しいですよね。

高橋　そういう意味でも教育は大切ですね。20年前、自由学園の大学部は共学化しましたが、共に生活をつくり上げつつ、女子も男子も創立者が望んだ自立と協力をそれぞれ学んでいると思います。今の日本社会の抱える課題をしなやかに乗り越える人たちが、ここから育ってほしいですね。
　また、年齢の多様性という点では2016年に45歳以上を対象とするリビングアカデミーを開校しました。生涯学び続け、助け合いつつ生活できる学校をつくることは創立者の願いでした。皆さんとても積極的で、年々生徒数も増えています。いろんな世代の人が交じり合える可能性が広がることは、学びの環境としても望ましいことです。

これからの100年に向けて

山崎　自由学園の次の100年。すばらしい歴史があるだけに、これは結構重い課題ですね。
高橋　先の見えないことを考えるのはとても難しいのですが、同時にワクワクすることでもあります。教育って結局、小さい子どもたちが楽しそうに畑をやったり、自然を観察したりするような小さな日々の積み重ねです。僕自身、目の前の生徒と今日や明日のことを考えるのが一番楽しいし、一緒につくっていく喜びは、かけがえのないものです。
　とはいえ、100年を迎えることを思うと、この学校に込められた精神は何だったのだろうかと考える必要があります。創立者が今学校をつくるとしたら、100年前に社会に投げかけた問いを、当然投げかけるでしょう。あの時代に、「このままの教育では子どもたちがおかしくなり、社会もおかしくなる」と問題提起し、「よりよい人間が育ち、よりよい社会をつくる学校でありたい」と願ったように。
　ですから私たちも、今の社会の課題に向き合ってこれからの時代を生きていく子どもたちにとって、どういう教育がいいのかと大きな視野に立って考えています。長い歴史の中で続けてきた食事作りも机作りも、この機会になぜそれを今するのかと、改めて意味を問い直すことが必要です。そこに進化も生まれます。もちろんこの時代にふさわしいチャレンジも必要です。
　ここに『教育三十年』という本があります。山崎さんが持っている『子供読本』と同じ、羽仁もと子著作集です。
山崎　読み込んでいますね。
高橋　これは自由学園が創立から30年たったとき、自分たちの教育は一体何だったんだろうと振り返った本です。その序文に「教育を詰め込みから解放したい熱きねがいは、皆さまのご声援のおかげで、見るべき成績を現わしてきた。（中略）過去の教育の世界へ、私たちの心一杯の奉仕はうけ入れられた」とあります。そして、「これからさきの鮮やかな目標は、学校はその温かさにおいて、子供たちの第二の家庭であり、今の世の中に存在するもっとも優れた社会であるという、その実相を具体化してゆくことである。少なくとも現代最高の理想に近い家庭の姿社会の姿は、本気な教育力をもつ学校にある」と書かれているのです。

山崎　熱い思いにあふれていますね。

高橋　つまり学校というのは、愛される経験の中で自立を学び、その上で、次の社会はどこにあるのかを考えていく場なんだ、と。生活の場である学校を、少しでもよい社会にしていこうと努力した子どもたちは、実際の社会をつくる人になれる、というのが創立者の発想なんですね。

　また、自分のことを自分ですれば、人々の間に階級意識は生まれない、とも語っています。面倒なことをだれかに押しつけ、自分たちは生産性の高い仕事をすればいいということではない。トイレ掃除も、生ごみの片づけも、食器洗いも体験した子どもたちは、そういうことをしなければ社会は成り立たない、ということをよく理解しています。

山崎　本当にそうでしょうね。

生徒たちから生まれる言葉

高橋　２０２０年８月、コロナの緊張感の中で学校生活を再開しました。緊張の強いられる生活は、制限されたこともたくさんありましたが、始業式から2週間ほど過ぎた頃、報告に来た女子部・男子部の委員たちの言葉はとてもうれしいものでした。

山崎　どんな言葉だったのですか。

高橋　彼らの話からは、手洗いや消毒の徹底、食事中の沈黙厳守、寮での行動制限など、責任を持つ立場での緊張感がひしひしと伝わってきました。現状の報告の後に私が「では次の課題は?」と質問したんです。すると、「今まで大事にしてきた学年を超えた温かいつながりをどのようにつくりだせるか」「緊張感ある寮生活の中、今まで僕たちの寮が持っていた愛をどのように実現することができるか」という答えが返って来たんです。

これは、生徒たちが「温かさ」や「愛」を大切なものとして、実感してきているということです。そして今、それをどう下級生に伝えられるかと頭を悩ませていたんです。

山崎　なるほど。

高橋　それとあわせて思い出したのは、2年前のことです。女子部高等科に入学したSさんが、習字に「いつか支えたい」と書いてきました（137ページにも）。習字は、女子部・男子部共に、毎週全員が提出します。自分がその週に感じたことを自分の言葉で書き、選ばれたものが板壁に貼り出されます。

とてもすてきな言葉だったので、私はその意味を本人に聞いてみました。すると、年に一度の登山遠足の前で、いろいろと不慣れな生活に困っている自分を、中等科から来た同級生がとても親切に支えてくれている。本当にありがたかったけれど、今の自分にはその人のために何もできることがない。でも、自分の力がついて何かできるようになったら「いつか支えたい」と言ったんです。

Sさんは今年高3になり、高等科の新入生をサポートする新入生係になりました。自由学園のモットーは「思想しつつ生活しつつ祈りつつ」ですが、生活から生まれた祈りを感じます。こういったことに成績はつきませんが、ここに私たちの目指す教育の姿があります。

山崎　すごく大事なことだし、ある意味で理想的ですよね。ただ僕が気になるのは、この学園で学んだ方たちが社会に出て行ったときのことです。就職をすると「営業成績を上げろ」とか「理想を語るのはやめろ」とか、「偽善だ」とか言われて、社会の洗礼を受けるでしょうね。拗《す》ねたくなるようなことを言われるんじゃないかな。

でもこのすばらしい環境に育った人たちが社会に変えられてしまうんじゃなく、社会を変えていくために、どういうふうに花開いていけばいいのかなあと思います。

高橋　私もそれを確かめたくて「自由学園100人の卒業生＋」というインタビューを行ったんですが、それぞれ自分の納得のいく生き方を真摯に切り拓いていることに本当に心強さを感じました。山崎さんのようにコミュニティを大事にしようという若い人たちも増えていますよね。

山崎　ここから出て行ったとき、そういう人たちと出会ってほしいなあ。

高橋　若い人のこの動きはとても希望的です。山崎さんにも、ぜひ生徒たちを巻き込んでいってほしいですね。

自由学園の創立者
羽仁もと子・吉一の歩み

類いまれな二つの個性の出会いが、
思想しつつ、生活しつつ、祈りつつ、
時代に先駆けて拓いた道。

16歳で八戸から上京した少女は
やがて女性初の新聞記者になる

羽仁もと子は、1873（明治6）年9月8日、旧南部藩士・松岡家の長女として青森県八戸市に生まれた。幕末を生きた祖父の忠隆は、かつて藩の江戸勤番もつとめ、文明開化の息吹を呼吸し、時代に敏感な人だった。孫の探究心や判断力を見抜いていた祖父は、もと子が16歳のとき、もっと学びたいという熱い思いを受けて、東京への遊学を決断する。雪深い峠道を馬橇と人力車、鉄道を乗り継ぎ上京したのは、1889年の冬のことだった。

もと子は東京府高等女学校の2年に編入。そんなある

自由学園の創立を前に、授業のあり方を相談する
羽仁吉一ともと子夫妻。1921年3月。

日、昼のお弁当を前に静かに黙祷する同級生の姿に気づく。キリスト教会に通っていると聞き、築地の外国人居留地にあった明石町美以教会に通うようになり、新しい世界を知って受洗する。そして卒業後の1891年、明治女学校に進学。校長で『女学雑誌』の主筆の巖本善治、その夫人・若松賤子の配慮で、雑誌の仮名つけや「小公子」の校正の仕事を手伝い、学費の助けにした。一番町教会（現・富士見町教会の前身）に、植村正久牧師の説教を聞きにいったのもこの頃である。

2度目の夏休みに帰省したもと子は、引きとめられて郷里の小学校の教師となり、その後、盛岡のカトリック女学校の教壇に立つのだが、離れていた恋愛相手への思いが募り結婚。しかし半年で離婚する。苦い体験を経て再び上京したもと子は、小学校の教職に就いたが、望みは書くことだった。1897年、報知新聞社の校正係に応募。男性のみの募集ながら、正確さが認められ入社。やがて、日本初の女性新聞記者の一人となった。

羽仁吉一は、1880（明治13）年5月1日、山口県の三田尻（現・防府）に生まれた。毛利家の茶道、華道の師匠だった父のもと、周陽学舎（現・県立防府高校）で漢学を修め、広瀬淡窓の影響を強く受ける。中退して上京した吉一は政治家でジャーナリスト・矢野龍渓の書生となるが、1900年、もと子が入社した3年後に報知新聞社に入社。新進気鋭の政治記者として将来を嘱望された。

子どものための雑誌から、思いは子どもの教育へと広がる

こうして出会った2人は、翌年、結婚。1903（明治36）年、自分たちと同じ若い家庭に向けて、『婦人之友』の前身となる『家庭之友』を創刊する。創刊前日には、長女説子が誕生。以来、妻は書き、夫は経営に当たりながら、『婦人之友』を育てていった。

当時を振り返ってもと子は『半生を語る』の中で、「私たちの家庭生活は仕事の中心点であり、仕事は家庭生活の延長である。二つのものが一つになって、分かれ目がない。そこに私たちの事業の特色も家庭の特色もあることに感謝する。ここに来る道筋は険しくても、導かれて置かれたこの場所こそ、ほんとうに私たちのものであった」と書いている。1904年に生まれた二女涼子は、肺炎のため2歳

にならず生涯を終え、愛児の死は二人の信仰を深めた。

　１９０８年、三女恵子が誕生（2代目自由学園学園長）。子どもの心身の健やかな成長を願って、１９１４年には絵雑誌『子供之友』を、翌年には『新少女』を発刊するが、夫妻の教育への目はさらに開かれ、自分たちの学校をつくることが夢となっていく。その教育理念は『婦人之友』誌上で培われ、１９２１（大正10）年、三女が小学校を卒業する年に、自由学園を創立したのである。夫妻は新しい学校を、聖書の言葉「真理はあなたたちを自由にする」（ヨハネによる福音書8章32節）から、「自由学園」と名づけた。

それ自身一つの社会として生き成長し そうして働きかけつつある学校

　１９２７（昭和2）年の羽仁もと子著作集の刊行を機に、１９３０年には『婦人之友』愛読者の団体「全国友の会」が成立。自由、協力、愛に根ざす社会を理想に掲げ、「思想しつつ　生活しつつ　祈りつつ」をモットーに、家庭からよりよい社会をつくりだそうと幅広く活動していく。

　誌上では、予算生活に基づく家計簿記帳の勧め、女性や子どもへの洋服の奨励、家庭生活合理化運動など、健全で簡素な家庭生活を提唱。また社会においては、大凶作に苦しむ東北の農村の生活改善運動を興すなど、生活の向上に３つの団体が協力して取り組んだ。

　１９３２（昭和7）年、ニースで開かれた世界新教育会議で、もと子は「それ自身一つの社会として生き成長し、そうして働きかけつつある学校」と題して自由学園の実践を紹介、共感を呼ぶ。また、太平洋戦争中には、文部省から校名の「自由」を改めるよう勧告されながら「自由のないところに教育はない」と毅然としてその名を守り通した。

　自由学園が創立30周年を、婦人之友社が建業50年を経て間もない、１９５５（昭和30）年10月26日、羽仁吉一が急逝（75歳）。その後を追うように、１９５７（昭和32）年4月7日、病床にあったもと子は、南沢の自宅「野の花庵」で生涯を閉じた（83歳）。

「自分一人の夢でなく、多くの友の夢がほしい。清らかに結んだ夢が恵まれて、悉《ことごと》く現実になる夢をみよう」と、もと子がうたったように、二人の創立者が情熱と祈りを込めて描き続けた夢は現実となり、多くの友の中でいまなお豊かに育ちつつある。

われわれはよい社会を創造しなくてはならない
そうしてわれわれは　たしかによい社会を創造し得る

――羽仁もと子

3つの団体について

創立者を同じくする
自由学園、婦人之友社、全国友の会は、
よりよい社会の実現のために
力を合わせて活動。
家庭生活の合理化、新しい教育への提案、
災害支援、海外との交友などの実践は、
いま世界が取り組む
SDGs（持続可能な開発目標）の
先駆けともなっている。

1 自由学園

羽仁もと子・吉一夫妻によって、1921（大正10）年、東京池袋に創立。校舎（現・自由学園明日館）の設計は、フランク・ロイド・ライトと遠藤新。1934（昭和9）年、東京都東久留米村南沢に移転。創立当初は女学校（現在の女子部中等科・高等科）だったが、順次、初等部（小学校）、男子部（中等科・高等科）、幼児生活団（幼稚園）、最高学部（大学部）が加わった。2021年に創立100周年を迎え、2024年度から中等科・高等科は男女共学に。

〒203-8521 東京都東久留米市学園町1-8-15
電話 042-422-3111（代表） http://www.jiyu.ac.jp

2 婦人之友社

1903（明治36）年に、『婦人之友』の前身『家庭之友』を創刊。1973年に中高年向け隔月刊誌『明日の友』、2007年に若い家庭に向けた季刊誌『かぞくのじかん』を創刊。『羽仁もと子著作集』、『雑司ヶ谷短信』（羽仁吉一著）、『羽仁もと子案家計簿』はじめ、実用から一般書までを出版している。

〒171-8510 東京都豊島区西池袋2-20-16
電話03-3971-0101（代表） https://www.fujinnotomo.co.jp

3 全国友の会

1930（昭和5）年、羽仁もと子を中心に『婦人之友』の愛読者により誕生。日本各地から海外まで182の友の会、約16500人の会員が、羽仁もと子の理想のもと、健全な家庭をつくり、社会の進歩に役立ちたいと年代を超えて学び、社会に働きかけている。

〒171-0021 東京都豊島区西池袋2-20-11
電話03-3971-9359 https://www.zentomo.jp

自由学園と創立者の歩み

※太字は自由学園

1903
羽仁もと子（30歳）・吉一（23歳）。4月3日、夫妻が『家庭之友』を創刊。前日、長女説子が誕生。

1908
1月『婦人之友』を創刊。三女恵子誕生。

1921
もと子（48歳）、吉一（41歳）。
東京雑司ヶ谷（現・池袋）に自由学園創立。
校舎（現・自由学園明日館）の設計はフランク・ロイド・ライト、遠藤新。
4月15日の入学式には、婦人之友の読者の家庭から26人の少女が集まった。

1923
9月1日、関東大震災。
自由学園生徒、婦人之友の読者と共に、被災者の救援活動に当たる。

1927
『羽仁もと子著作集』15巻を刊行。松本、大阪などで友の会が誕生。
4月、初等部（小学校）設立。

1928
女子部卒業生によって、消費組合が始まる。

1930
全国友の会が成立。
創立者の教育理念を支援する「協力会」発足。
もと子、フランスで世界新教育会議に出席。「それ自身一つの社会として生き成長しそうして働きかけつつある学校」と題して、自由学園の10年の教育を語り、共感を得る。

1932
卒業生により、自由学園工芸研究所発足。

1934
自由学園、南沢（現・東久留米市）に移転。旧校舎は「明日館」として社会活動の場に。

1935
もと子は冷害による故郷東北の窮状を訴え、東北6県にセットルメントを開設。友の会会員、自由学園卒業生が農村の主婦たちの生活指導に当たる。
男子部（中・高等科）設立。

1938
『婦人之友』創刊35年を記念して、隣国中国の少女のために「自由学園北京生活学校」を開校（～1945）。
幼児生活展覧会を全国で開催。

1939
幼児生活団（現・同幼稚園）設立。
各地の友の会にも、幼児生活団設立。

1941
栃木県那須に、那須農場を開場。
12月8日、太平洋戦争始まる。

1943
戦時下も『婦人之友』は生活雑誌として存続。

1945
8月、広島、長崎に原爆が投下され敗戦。

1947
那須に「農学塾」開校（～1973）。

1948
池袋に「自由学園生活学校」開校（～1973）。

1949
男子最高学部（大学部）4年制設立。

1950
女子最高学部2年制を設立。

1/『家庭の友』創刊号表紙　2/『婦人之友』表紙　3/フランク・ロイド・ライト設計の自由学園明日館
4/自由学園 第1回入学式

1950 創立30周年、埼玉県名栗で植林を開始。
1951 羽仁夫妻に協力会から「友情庵」(神奈川県二宮)が贈られる。
1953 もと子(80歳)、吉一(73歳)。
婦人之友創刊50年記念の集い。
1955 10月26日、吉一急逝(75歳)。
1956 吉一の書いた『雑司ヶ谷短信』を上下巻として出版。
1957 4月7日、もと子逝去(83歳)。
羽仁恵子、第2代学園長に就任(〜1989)。
1966 羽仁両先生記念図書館完成。
1967 三重県海山町で植林活動開始(〜2015)。
1973 『明日の友』を創刊。羽仁もと子生誕100年。
1981 創立60周年記念事業、
記念講堂、記念体育館完成。
1989 1月15日、羽仁恵子逝去(80歳)。
1990 羽仁翹、第3代学園長に就任(〜2003)。
ネパールで植林活動開始。
1991 羽仁もと子記念館、故郷八戸に完成。
創立70周年記念事業、
羽仁吉一先生記念ホール完成。
1995 1月17日、阪神淡路大震災発生。
3団体で協力して支援活動を行う。
1997 自由学園明日館、国の重要文化財に指定。

1999 最高学部を男女共修の4年課程、
女子2年課程に改組。
2001 創立80周年記念事業、最高学部校舎、
生活創作館が完成。明日館が
一般利用可能な場として公開。
2003 『婦人之友』創刊100周年。
2007 『かぞくのじかん』創刊。
幼児生活団を全日制の幼稚園に改組。
2011 3月11日、東日本大震災発生。
3団体で協力して支援活動に取り組む。
創立90周年記念事業、自由学園クラブハウス
しののめ寮を開館(現・しののめ茶寮)。
2012 JIYUアフタースクール開始。
創立90周年記念美術工芸教育発表会開催。
2013 幼児生活団で未就園児と保護者の集まり
「ことりぐみ」開始。
2015 新木工教室完成。
新名栗フィールドで里山づくり開始。
2016 熊本地震発生。
自由学園リビングアカデミー開校。
2017 植林地で生徒が育てたヒノキを用いた
校舎「自由学園みらいかん」完成。
2018 北海道胆振東部地震発生。
2020 全国友の会、創立90周年。
2021 創立100周年。

5

6

7

5/南沢の校舎　6/羽仁もと子と幼児生活団の子どもたち　7/婦人之友社建業50周年の創立者夫妻

おわりに

創立100周年を前に本づくりが始まった2020年。予期せぬ新型コロナウイルスに襲われた2月の終わり、自由学園は休校を決断しました。4月には、オンラインにより授業を再開。しかし、広いキャンパスはしんと静まり、誰もいません。学園の生活や、生徒・学生たちへの取材は、かないませんでした。もどかしい春が過ぎ、夏に学校を訪れると、人の行き来のなくなった校内の道には苔がむし、木々の葉だけが勢いを増しているように見えました。ただでさえ手入れを必要とするキャンパスを、人一倍の働きで汗を流し、守っていたのは先生方でした。そして、その応援部隊として、伸び放題の草を刈り、校舎の清掃をしていたのは、保護者の皆さん。生徒たちも、早く登校して学校をきれいにしたいと、言い出していると聞きました。

夏の終わり、新しい生活を模索しながら、ようやく登校できるように。生徒たちがキャンパスに戻ってきました。

そんな中、精力的に取材をくり返してくださったのが、島村菜津さんです。学園に足繁く通い、日常をつぶさに見て生徒の話を聞き、予定になかった取材にまで発展することもしばしばでした。

その島村さんが言います。「キャンパスは本当にぜいたく、教育もおもしろい。でも、一番魅力的だったのは、生徒たち。あのユーモアはどこからくるのか……」

取材中、「学校、楽しい?」と聞くと、ほとんどの生徒が意外なほどあっさりと、「楽しいです」と答えました。

秋雨の降る中、第1章にご寄稿くださった辻信一さん、島村さんと学園を訪れたときのこと。女子部校舎脇の池では、傘をさした高等科3年生が、網を片手に池の藻をすくって掃除をしていました。一緒にまわっていた高橋学園長が、思わず「こんな雨の中、大丈夫?」と声をかけると、「池への愛ですから!」と、誇らしげな笑顔で返してきたのです。

食堂横の壁には、その週に書かれた生徒の習字が貼り出されていました。「愛しい日々」と書かれた1枚に目を留め、「この感性はすごい」と、辻さんと島村さんが同時に声をあげました。

池袋のホームレスの人たちへのおにぎり配りに同行したときに聞いた、男子部高等科2年生の「自分のやりたいことをやらせてもらえるのが、楽しいんです」の一言も忘れられません。学園の目指す学びがさまざまな形になり、生徒たちに流れていると感じ続けた1年でした。


本書で、初めて自由学園と出会った方もいらっしゃるでしょう。驚かれたでしょうか。もっと知りたいと思われたでしょうか。ぜひ、キャンパスに足をお運びいただければ幸いです。

今回、自由学園に心を寄せ、力強い言葉を紡いでくださいました皆さま、心を尽くし、共感を持って1冊に仕立ててくださいました方々に、厚く御礼を申し上げます。そして、自由学園の生徒・学生・教職員、卒業生、関係者の皆さまに、心より感謝いたします。

新しい100年へと歩み出した自由学園に、希望と祈りをこめて。

2021年4月　婦人之友社書籍編集部

本物をまなぶ学校
自由学園

取材・写真協力

学校法人自由学園
株式会社自由学園サービス
自由学園関係者のみなさん

取材・執筆	島村菜津（第2章～第7章）
撮影	公文健太郎、柳原美咲（撮影助手） 下坂敦俊（P.158、176）、亀村俊二（P.164、169、170）
装丁・本文デザイン	久住欣也、壁谷薫（Hd LAB Inc.）
イラストマップ	中村みつを
編集協力・DTP	株式会社オルムスタン

2021年4月30日第1刷発行

編集	婦人之友社編集部
発行人	入谷伸夫
発行所	株式会社婦人之友社
住所	〒171-8510　東京都豊島区西池袋2-20-16
電話	03-3971-0101
URL	http://www.fujinnotomo.co.jp
印刷・製本	大日本印刷株式会社

自由学園
ホームページ

ISBN978-4-8292-0917-2